Heike Müller

Kreativ zum Nulltarif

Burckhardthaus

Die Reihe „Ideen für Eltern" wird von dem bekannten Spiel-pädagogen Hajo Bücken herausgegeben. Sie wendet sich an alle Eltern – an Väter wie Mütter –, an Alleinerziehende sowie an alle im Bereich Familie tätigen Fachkräfte. Es erscheinen mehrere Bände im Jahr mit mehr praktischer oder mehr thematischer Ausrichtung. Die Bände sind einzeln oder fortlaufend zu beziehen. Bei fort-laufendem Bezug sind 15% einzusparen.

Die Deutsche Bibliothek – CIP-Einheitsaufnahme

Müller, Heike:
Kreativ zum Nulltarif : mach was mit Müll / Heike Müller. – Offenbach : Burckhardthaus, 1996
(Ideen für Eltern)
ISBN 3-7664-9321-3

© 1996 Burckhardthaus-Laetare Verlag GmbH, Offenbach

Lektorat: Hajo Bücken, Bremen
Titelillustration: Konny Riedl, München
Produktion: Rex Verlagsproduktion, München
Druck und Verarbeitung: RGG-Druck, Braunschweig

Verlagsinformationen:
Jünger Service, Schumannstraße 161, 63069 Offenbach
Tel.: 069/84 00 03 - 22 (0) Fax: 069/ 84 00 03 33

Inhalt

Zum Thema

Deckel auf – Müll rein – Deckel wieder zu! So handhabten bis vor wenigen Jahren noch die meisten Familien den Umgang mit ihrem eigenen Abfall. Niemand interessierte sich für die Folgen dieser unkomplizierten Methode. Der Müll war mit der Leerung der Tonne einfach aus dem Bewußtsein verschwunden.

Dieses Buch zeigt, wie Eltern und Kinder dem Müll auf die Spur kommen können.

Inzwischen hat sich einiges geändert. Der „Grüne Punkt" wurde erfunden und Erwachsene und Kinder lernten, den Müll fleißig zu sortieren. Nichtsdestotrotz wachsen die Abfallberge ungehindert weiter – der Blick über den Mülltonnenrand wird immer noch selten gewagt.

Anhand von Geschichten, Spielen und Mitmachaktionen werden verschiedene Aspekte der Abfallvermeidung und -verwertung vorgestellt.

Denn Müll macht nirgendwo Halt. In der Familie, in Kindergarten und Schule, überall in unserem täglichen Umfeld entsteht Müll. Doch wer redet schon gern darüber. Müll ist etwas Lästiges, Unangenehmes, dessen weiterer Verbleib uns nicht im geringsten interessiert. Warum also dieses „stinkige" Thema auf den Tisch bringen?

Müll hat etwas mit unseren Lebensgewohnheiten zu tun. Er ist die Folge unserer Bequemlichkeit und unseres mangelnden Problembewußtseins.

Die überquellenden Abfallberge gehören zu den Schattenseiten unseres Konsumrausches. Sie sind die Kehrseite der Wohlstands-Medaille.

Auch Kinder machen Müll, von Geburt an. Für den Kauf der ersten Wegwerf-Windeln sind noch ihre Mütter und Väter verantwortlich. Doch mit zunehmender Selbständigkeit übernehmen unsere Sprößlinge ihre eigene Verbraucherrolle. Dem Verhalten der Eltern kommt dabei eine entscheidende Bedeutung zu. Sie können ihren Kindern schon früh vorleben, wie Umweltschutz im Alltag aussieht. Praxisnahe Beschäftigung und spielerischer Umgang lassen ökologische Themen lebendig werden. Dieses Buch gibt Anregungen, wie Eltern die Müllprobleme sinnvoll mit ihren Kindern angehen können. Denn Kinder brauchen Informationen und Ermutigung, damit sie sich für ihren verschmutzten und bedrohten Planeten einsetzen können. Das stärkt die Eigenverantwortung und fördert die Entwicklung kreativer Lösungsstrategien. Die vielen Ideen zum Basteln, Bauen, Bilden, Malen, Sammeln und Spielen werden daher mit Sachinformationen rund um das Thema Müll ergänzt.

Auf diese Weise ist ein Buch entstanden, welches all jenen weiterhilft, die sich entschlossen haben, ihre Umwelt, und damit auch die ihrer Kinder, langfristig zu retten und zu schützen.

Heike Müller

Was uns täglich abfällt

Das geht doch schon beim Frühstück los:
Das Müsli kommt aus der Plastiktüte, die wiederum noch in einem extra Pappkarton steckt. Zwei Verpackungen sind garantiert eine zuviel!
Der Joghurt schwimmt in einem Plastikbecher, mit Aluminiumdeckel zugeschweißt. Wohin mit all den leeren Bechern? Sie sind schließlich unverwüstlich! Kunststoff ist nur selten recyclebar, Alu dagegen immer. Es kann zwar nach Gebrauch eingeschmolzen und dann aufs Neue verwendet werden, aber es kostet Unmengen von Energie, Aluminium überhaupt herzustellen.
Als nächstes kommt die Kabadose dran. Sie hat zwar einen „Grünen Punkt", läßt sich aber gar nicht wiederverwerten, da sie aus beschichtetem Karton, Polyethylen, Weißblech und Aluminium besteht. Diese Stoffe

können technisch nicht mehr voneinander getrennt werden, sie heißen Verbundverpackungen.
Diese kleine Auswahl vom Frühstückstisch soll erst einmal genügen, denn der Tag hat ja gerade erst angefangen.
In der Schule wird stapelweise Papier verbraucht, was vielen Bäumen das Leben kostet.

Die Stifte, die Sie zum Schreiben oder ihre Kinder zum Malen benutzen, lassen sich leider meist auch nicht wiederverwenden, wenn sie leer geworden sind. Was passiert mit dem vielen Spielzeug - gerade erst von den lieben Verwandten geschenkt - , wenn es nicht mehr interessant oder schon kaputtgegangen ist?

Viele Dinge des täglichen Bedarfs werden später zu „Sondermüll", wir denken nur häufig gar nicht darüber nach.

Ein Blick ins Kinderzimmer macht deutlich, daß Spielsachen immer häufiger aus Kunststoff hergestellt werden. Deshalb sind sie längst nicht mehr so stabil wie früher und wandern schneller in den Müll.
Vom Spielen werden Kinder ja bekanntlich hungrig. Also nichts wie hin zum Kiosk um die Ecke. Aber was müssen wir dort feststellen! Auch die Lieblingsschokolade ist gleich zweimal eingewickelt: außen mit beschichtetem Papier und innen mit Stanniol, einem Material, das wieder-

um aus Aluminium gemacht wird. Und gegen den Durst noch eine Dose Limo – schon wieder Aluminium.
Die Liste der täglichen Abfälle wäre wahrscheinlich dreimal so lang. Dieser kurze Ausschnitt zeigt jedoch schon, wieviele Rohstoffe wir jeden Tag verschwenden und wieviel Müll dabei entsteht.

Wer versucht, die Ursachen der ständig wachsenden Müllberge zu erkennen und zu bekämpfen, hat es dabei nicht leicht. Konsumgewohnheiten zu verändern und den Verbrauch von unersetzbaren Rohstoffen einzuschränken, stellt für viele einen Weg zurück in die Steinzeit dar. Dabei behauptet doch niemand, daß wir uns von einem Extrem zum anderen entwickeln müssen, um die bestehende Müllmisere in den Griff zu bekommen. Es ist schon ein Anfang zu überlegen, was wir tatsächlich brauchen und welche Bedürfnisse uns durch die Medien täglich suggeriert werden. Jeder Einkaufskorb läßt sich daraufhin überprüfen.

Vielleicht bleiben die Produkte, deren Kauf bestimmt nicht zu steigender Lebensqualität verhilft, beim nächsten Mal im Regal stehen. Das erspart Herstellung und Beseitigung aufwendiger Verpackungen mit wenig Inhalt. Sicherlich bringt das die Masse des Mülls nicht gleich zum Schrumpfen. Aber es stellt zumindest einen ersten Ansatz dar, dieses Problem neu zu überdenken.

Plädoyer für eine neue „Müllpädagogik"

Seit langem ist das Sammeln von wiederverwertbaren Abfallmaterialien in Kindergruppen und Schulen populär.

Doch geschah dies bisher weniger aus umweltschützerischen Gründen. Die meisten PädagogInnen betrachteten die Verarbeitung von „wertlosem" Material unter ökonomischen Aspekten. Auf diese Weise konnten die Kinder nach Herzenslust mit Schachteln, Rollen und Dosen basteln, ohne teure Materialien, wie Tonpappe oder Seidenpapier, zu verbrauchen.

Der Ansatz ist erst einmal lobenswert. Schließlich bewahrt er die Kinder vor dem verschwenderischen Umgang mit aufwendig produzierten Bastelmaterialien. Trotzdem wachsen uns die Müllberge bald über den Kopf. Deshalb kann sich eine verantwortungsvolle Konsumerziehung nicht damit begnügen, den Kindern Werte wie Sparsamkeit und Genügsamkeit zu vermitteln. Unter den heutigen Lebensbedingungen hat dieser Ansatz zwar nichts an seiner Aktualität verloren, jedoch reicht er bei weitem nicht aus, um mit den Kindern umweltbewußtes Handeln zu üben.

Viele Menschen haben inzwischen erkannt, daß wir in einer verwöhnten Wegwerfgesellschaft leben.

Ein Großteil der Kinder wächst unter den sozialen Lebensbedingungen des Wohlstandes auf und übernimmt schon früh eine wichtige Verbraucherrolle.

Genauso früh jedoch sollte diese Verbraucherrolle in ihren Auswirkungen erkannt und hinterfragt werden. Je selbständiger die Kinder werden, desto unabhängiger wollen sie konsumieren. Es ist daher unbedingt erforderlich, daß ihnen die Folgen ihres Verbraucherverhaltens schon frühzeitig bewußt werden. Um nicht weiterhin Rohstoffe zu verschwenden, dem Konsumrausch zu verfallen und die Umwelt zu zerstören, reicht es allerdings nicht, in Elternhaus oder Kindergruppe mit Pappschachteln zu basteln. Umwelterziehung muß übergreifend geschehen, damit Handlungszusammenhänge erkannt und gegebenenfalls verändert werden können.

Aufklärung tut not. Denn was wissen unsere Kinder schon von der langen Irrfahrt einer weggeworfenen Plastiktüte? Oder haben Sie schon einmal gemeinsam mit ihnen überlegt, wohin die vielen großen Müllwagen unsere Hausabfälle transportieren? Kinder lernen schnell, sich in ähnlicher Weise zu verhalten, wie wir es ihnen seit Jahrzehnten vorleben: gedankenlos zu konsumieren, ohne uns um die Folgen dieser bequemen „Ex-und-Hopp-Mentalität" zu kümmern.

Inhalte und Ziele

Kinder sinnvoll ökologisch zu erziehen, stellt Eltern vor neue Aufgaben. Unter dem Aspekt der Abfallvermeidung und -verwertung soll im Rahmen dieses Buches versucht werden, sich diesen Aufgaben ein wenig theoretisch, jedoch überwiegend praktisch anzunähern. Die Strukturierung der Lern- und Spielideen orientiert sich dabei in erster Linie an den Bedürfnissen der Kinder und Eltern. Um den unterschiedlichen Anforderungen gerecht zu werden, wurde eine Konzeption entworfen, die vielfältige Wege zur Themenbearbeitung beinhaltet. Dabei lassen sich folgende Schwerpunkte einer familiären „Müllerziehung" zusammenfassen:

Familiäre „Müllerziehung"

■ Verdeutlichung der konkreten Zusammenhänge

Wie entsteht Müll?
Wohin verschwindet er?

■ Müll ist nicht gleich Müll

Wie können Kinder die unterschiedliche Stofflichkeit von Abfallmaterialien nachvollziehen? Was ist eigentlich Erde?

■ Umgang mit Müll zu Hause

Wie läßt er sich möglichst vermeiden?

Wie wird die Restmenge optimal wiederverwertet?

■ Umgang mit Müll im Stadtteil

Wie wird die Müllproblematik über die Familie an eine breitere Öffentlichkeit herangetragen?

Welche Rolle können die Eltern dabei übernehmen?

Die aufgeführten Handlungsansätze können in ihrer Zusammenfassung eine erste Grundlage für die schon seit längerer Zeit geforderte neue „Müllpädagogik" bilden. Gerade in der Familie sind den Kindern am ehesten Möglichkeiten gegeben, Zusammenhänge durch konkretes Erleben zu erfassen. In der Schule wird überwiegend auf abstrakte Lernformen zurückgegriffen, die Alltagserfahrungen der Kinder werden zunehmend weniger in die methodisch-pädagogische Arbeit miteinbezogen. Konkret bedeutet das, daß ihnen in der Schule später anhand einer Zeichnung erklärt wird, wie eine Mülldeponie aufgebaut ist, ohne daß sie jemals den Gestank in der Nase hatten, der täglich über die Abfallhalden weht.

Dieses Buch möchte Eltern unterstützen, die auf der Ebene des Ausprobierens mit ihren Kindern Erfahrungen in Sachen Müllvermeidung sammeln wollen. Auf den erhobenen Zeigefinger wird dabei gern verzichtet, da sich ein Bewußtseinswandel bekanntlich nicht auf moralischem Wege erzwingen läßt. Die folgenden Vorschläge und Geschichten zeigen, wie Kinder dem Müll auf die Spur kommen können – und auch noch Spaß dabei haben.

Dem Müll auf der Spur

Die Geschichte der veränderten Lebensgewohnheiten ist gleichzeitig die
Geschichte des Müllwachstums. Kindern
diese Geschichte(n) nahezubringen, ist
Ziel der folgenden Vorschläge.

Wer anfängt, sich näher mit der bestehenden Müllproblematik zu beschäftigen, wird schnell feststellen, daß
das, „was abfällt", bereits einen langen Weg hinter sich
hat. Einen Weg, der gekennzeichnet ist durch den Ab-
bau und Transport von wertvollen Rohstoffen und
durch eine Produktion, die meist mehr Umweltschäden
erzeugt als die spätere Abfallbeseitigung. Das Institut
für ökologisches Recycling in Berlin schreibt dazu:

**„Die meisten Umweltbelastungen
entstehen bis zu neunzig Prozent
schon bei der Herstellung, der
Verarbeitung, dem Transport und der
Vermarktung eines Produktes und
nicht erst, wenn das entsprechende
Produkt zu Müll geworden ist."**

Die Schlußfolgerung des Instituts lautet deshalb:

**„Wir weisen schon seit langem dar-
auf hin, daß eine wirkliche Redu-
zierung der Umweltbelastungen nur
durch eine radikale Abfallvermeidung zu erreichen ist."**

Im Klartext bedeutet das:
Wir können weiterhin pflichtbe-
wußt unsere leeren Flaschen
zum Container schleppen - aber
an der bestehenden Abfallmisere
ändert sich dadurch nichts. Im
Gegenteil: Seit die Möglichkeit
zum Glasrecycling vorhanden
ist, ist beispielsweise der Anteil
an Einweg-Getränkeverpackun-
gen stärker gestiegen, als Altglas
gesammelt wurde.
Diese Tatsache sollte jedoch
nicht dazu führen, die weiterhin
sinnvolle Mülltrennung nicht
mehr zu unterstützen. Darüber
hinaus ist es allerdings von ent-
scheidender Bedeutung, die
Wurzeln der Müllflut nicht aus
den Augen zu verlieren.

Abfall

**Es ist etwas abgefallen -
war es übrig oder reif?
War es zuviel
oder unbrauchbar?**

**Irgendwo kommt er her,
der Abfall.
Seine Lebensgeschichte
ist lang.
Sei es ein Baum,
der gefällt,
zu Zellulose verarbeitet
und als
buntbedruckte Verpackung
eine Stunde nach dem Kauf**

im Mülleimer landet.

(Institut für ökologisches
Recycling)

Abfall-Liste für alle

Um die eigene Müllproduktion zu Hause genauer unter die Lupe zu nehmen, stellen alle Familienmitglieder eine persönliche Abfall-Liste auf. Ein Vergleich lohnt sich bestimmt! Als Anregung hier einige Fragen, die als Leitfaden dienen, um durch den häuslichen Abfall-Dschungel zu finden:

❶ Leert spontan eure Taschen aus.
Alle Sachen, die ihr findet, werden irgendwann einmal Müll, oder?

❷ Wer produziert den meisten Müll?
Tragt in eure Abfall-Listen ein, was ihr an einem einzigen Tag alles wegwerft.

❸ Welche Dinge, die ihr täglich zu Hause benutzt, sind gleich mehrfach verpackt?

❹ Seht Euch in den einzelnen Räumen eurer Wohnung/eures Hauses um!
Woraus sind die verschiedenen Gegenstände gemacht?

❺ Wer von euch weiß, wo der Fernseher landet, wenn er kaputtgeht?
Und was passiert mit dem Kühlschrank?

❻ Wieviele volle Abfalleimer müssen bei euch in der Woche geleert werden?

❼ Verwendet ihr Altpapier in eurem Haushalt?
(Schreibpapier, Taschentücher, Klopapier, etc.)

❽ Macht euer Haustier auch Müll?

Es war einmal....

Vor ungefähr 30 000 Jahren begannen die Menschen, ihre Abfälle zu sammeln. Nun müßt ihr bedenken, daß diese Abfälle ganz anders aussahen als die, die wir heute produzieren. Schließlich gab es damals noch keine Plastikbecher, Alufolien oder Cola-Dosen.

Was die Menschen vor so langer Zeit außerhalb ihrer Siedlungen ablagerten, waren überwiegend leicht verrottbare Dinge wie Holz, Stoffe, Leder und Essensreste. Dazu kamen zersprungene Tongefäße, die man nicht mehr benutzen konnte. Verpackungsmüll, wie wir ihn heute kennen, war den Menschen früher unbekannt. Sie besaßen stattdessen Kürbisschalen, Fellsäcke, Tonkrüge oder geflochtene Körbe, um ihre Nahrungsmittel aufzubewahren.

Die Menschen waren in einen natürlichen Kreislauf eingebunden. Das heißt, daß die täglichen Güter, die sie produzierten, der Natur keinen Schaden zufügten.

Alle Materialien waren wiederverwertbar. Metallgegenstände, also Werkzeuge beispielsweise, wurden, wenn sie abgenutzt waren, wieder eingeschmolzen, damit sie neu gegossen werden konnten. Metall galt früher als sehr wertvoller Rohstoff.

Fast alle Siedlungsgemeinschaften besaßen damals Vieh, insbesondere Ziegen, Rinder oder Schweine. Die Tiere waren gute Futterverwerter und wurden überwiegend von Essensresten ernährt. So brauchten die Menschen gar keine Bio-Tonnen wie wir heute.

Glas war in allen früheren Kulturen bekannt. Oft konnten sich jedoch nur die reicheren Familien leisten, Glas zu benutzen. Es war viel edler als Ton und nicht so leicht zu bekommen. Schon die alten Ägypter verwendeten Glas-

Diese Geschichte erzählt von den Müllbergen früher und heute. Zum Vorlesen, Informieren und Diskutieren. Für Kinder ab 7 Jahren.

behälter, um Salben, Öle und Wein darin aufzubewahren.

Als im Laufe der Zeit das Papier erfunden wurde, war es als Verpackungsmaterial noch viel zu kostbar. Es wurde ausschließlich zum Schreiben verwendet. Erst im 16. Jahrhundert stellte man Pappschachteln her, die zu Verpackungszwecken dienten.

Was glaubt ihr, wann die Müllabfuhr erfunden wurde? In einigen Kulturen existierte so etwas ähnliches bereits vor mehreren tausend Jahren. In Deutschland entwickelte sich eine regelmäßige

Müllabfuhr erst Anfang dieses Jahrhunderts. Natürlich waren das keine großen Müllwagen, die damals durch die Straßen der Städte fuhren, sondern kleine Transportkutschen mit zwei Pferden davor.

Das hat auch gereicht, denn es gab ja nicht so viel Abfall. Die Menschen kauften nur das Notwendige und was kaputtging, wurde repariert. Schuhe kamen zum Schuster, Kleider wurden genäht oder gestopft. Durchlöcherte Kannen und Töpfe reparierte der Kesselflicker, das ist ein Beruf, der heute längst ausgestorben ist. Auch den Sattler, der Schultornister und Taschen nähte, kennen die meisten Menschen heute nicht mehr. Oder habt ihr schon mal einen gesehen?

Zum Einkaufen gingen die Leute früher auf den Markt oder in den kleinen Tante-Emma-Laden. Dort wurden die Lebensmittel entweder in Papier verpackt oder in wiederverwertbare Behälter gefüllt.

Geheizt wurde mit Kohleöfen, da es noch keine Gas- oder Ölheizungen gab. In den Öfen verbrannte man einen Teil der Abfälle, wie zum Beispiel Zeitungen und Pappe. Was hinterher davon übrigblieb, war Asche geworden und landete in dem dafür vorgesehenen Blecheimer. Jetzt wißt ihr auch, warum der Mülleimer früher Ascheneimer hieß. Habt ihr dieses Wort von euren Großeltern schon gehört?

Tante Emma

Welches Kind kennt sie noch, die kleinen Tante-Emma-Läden? Die meisten wohl nicht mehr. Die „Müllquelle" Supermarkt ist für uns alle selbstverständlich geworden.

Das Thema „Einkaufen" gehört in den täglichen Erfahrungsbereich unserer Kinder. Sie wissen, wie es im Supermarkt um die Ecke aussieht, vielleicht waren sie sogar schon einmal allein dort. So lohnt es sich, die Einkaufsgewohnheiten der Menschen früher und heute zu vergleichen, um die Prozesse der Müllentstehung zu verdeutlichen.

Markt-Tag

Gehen Sie mit ihren Kindern auf den Wochenmarkt. Achten Sie darauf, wie die Waren, die Sie kaufen, verpackt werden. An einem der nächsten Tage kaufen Sie die gleichen Dinge im Supermarkt. Um den Müllanteil beim Einkauf zu veranschaulichen, schreiben Sie beide Male sämtliche Verpackungen auf eine Liste. Wer produziert eindeutig zuviel Müll?

Erzählt doch mal...

Wer weiß wohl am meisten über den Müll in alten Zeiten, über Ascheneimer und Kesselflicker? Oma und Opa natürlich! Bestimmt erzählen sie gern, wie sie früher einkaufen gegangen sind. Vielleicht gibt es sogar noch ein paar vergilbte Fotos vom Schuster um die Ecke...

Besuch im Museum

Besuchen Sie mit ihren Kindern ein Museum für Völkerkunde. Dort können sich alle gemeinsam ansehen, wie Menschen früher gelebt haben. Welche Gebrauchsgegenstände haben sie verwendet? Aus welchen Materialien waren die Gegenstände gemacht? Worin wurden die Lebensmittel gelagert? Vielleicht kann die Museumsführerin etwas über frühere Abfallsysteme erzählen.

Aufregung im Supermarkt

Pia und Lotte hatten sich für den Nachmittag zum Spielen verabredet. Pia hatte einen Malkasten zum Geburtstag geschenkt bekommen, und die beiden Freundinnen wollten ihn heute zum ersten Mal ausprobieren. Doch als Lotte nach dem Mittagessen bei Pia klingelte, öffnete ihr diese mit geheimnisvoller Miene die Haustür. „Hallo, Lotto. Komm schnell rein, ich muß dir was erzählen!" Nachdem Lotte Pias Mutter begrüßt hatte, verschwanden die beiden gleich im Kinderzimmer. Pia fuhr fort: „Ich habe gestern abend eine tolle Sendung im Fernsehen gesehen. Über eine Frau, die im Supermarkt eingekauft hat und . . ." „Puuh, wie langweilig!" unterbrach Lotte. „Aber höre mir doch erst einmal richtig zu!" antwortete Pia verärgert. „Ich dachte, wir wollten heute malen. Dazu habe ich viel mehr Lust." Lotte machte einen Schmollmund. „Gut. Wenn du mir nicht zuhören willst, dann zeige ich es dir eben!" meinte

Pia entschlossen. „Was zeigst du mir?" Lotte war plötzlich doch neugierig. „Na das, was ich gestern im Fernsehen gesehen habe. Komm mit!" Dabei zog Pia ihren blauen Anorak an und ging zu ihrer Mutter in die Küche. „Mama, können Lotte und ich heute einkaufen gehen?" „Wie kommst du denn auf die Idee? Du drückst dich doch sonst auch immer davor", entgegnete Pias

**Zum Vorlesen
und Nachahmen
empfohlen**

Mutter. „Also heute würde ich gern gehen! Mit Lotte macht das bestimmt viel mehr Spaß!" meinte Pia daraufhin überzeugend. „Nun gut", antwortete die Mutter.

Sie gab den Mädchen einen Einkaufskorb mit und drückte ihnen die Geldbörse in die Hand. Nachdem die Mutter ihnen kurz den Einkaufszettel erklärt hatte,

liefen Lotte und Pia los. Im Supermarkt angekommen, schoben die Mädchen ihren Einkaufswagen durch die Regalreihen und suchten sämtliche Dinge zusammen, die PiasMutter ihnen aufgetragen hatte. Als sie alles gefunden hatten, stellten sie sich an der Kasse an.

„Und jetzt paß mal auf", zischte Pia Lotte ins Ohr, „gleich wird's lustig!" Mit diesen Worten legte Pia die eingekauften Waren auf das Band und begann seelenruhig alle die Dinge auszupacken, die sie auch ohne Verpackung mit nach Hause nehmen konnte. Als sie die Äpfel aus der Plastikschale befreit hatte und in den Einkaufskorb legte, wurde die Frau an der Kasse ärgerlich:

„Was soll denn der Quatsch? Ihr könnt doch nicht den ganzen Müll hier liegen lassen!" Doch Pia erwiderte schlagfertig: „Klar können wir! Zu Hause brauchen wir das Zeug nicht. Unser Abfalleimer ist schon voll genug." Die Frau an der Kasse wurde richtig rot im Gesicht, aber die Leute, die hinter Lotte und Pia in der Schlange standen, nickten verständnisvoll. „Das Mädchen hat schon Recht. Wie sollen wir uns dann sonst gegen den ganzen Plastikkram wehren?" fragte ein älterer Herr. An der Kasse wurde es jetzt ziemlich laut. Einige begannen zu schimpfen, andere lachten über die Aufregung, und die Kassiererin wurde immer wütender.

Lotte war die Situation äußerst peinlich und sie legte die ausgepackten Lebensmittel schnell in den Einkaufskorb. Pia fand das ganze Durcheinander komisch und sie wäre gern noch ein bißchen geblieben. Doch Lotte zog sie energisch aus dem Supermarkt. Auf dem Heimweg hielten sich die beiden Freundinnen ihre Bäuche vor Lachen. Sie versuchten, die wütende Kassiererin nachzuahmen und schnitten dabei fürchterliche Grimassen.

Als die Mutter zu Hause überrascht in den Einkaufskorb schaute, erzählten Pia und Lotte ihr die ganze Geschichte. Daraufhin fing die Mutter auch an zu lachen. Sie fand die Idee der beiden Mädchen toll und meinte nur:
„Wenn das alle Menschen machen würden, gäbe es bald nicht mehr so viele Verpackungen und damit weniger Müll!"

3,5 Milliarden Plastiktüten sind eindeutig zuviel!

Hätten Sie geglaubt, daß wir so viele Plastiktüten im Jahr verbrauchen? Dabei dienen diese beliebten Tragetaschen lediglich unserer Bequemlichkeit. Ansonsten sind sie Rohstoffverschwender und Energieräuber. Außerdem belasten sie bei ihrer Beseitigung die Umwelt. Ihr Verbrauch läßt sich von vorne herein vermeiden. Taschen, Baumwollnetze und Körbe erfüllen den gleichen Zweck.

Für die **ganze** Familie

Mit Hilfe einiger alter Bettbezüge starteten wir einen „Einkaufstaschen-Nachmittag": Jedes Kind konnte sich nach einem extra leichten Schnittmuster eine Tragetasche oder einen Stoffbeutel nähen. Die langen Nähte lassen sich am einfachsten mit der Nähmaschine schließen. Ihre Handhabung ist auch für jüngere Kinder nicht schwierig. Eltern können helfen, indem sie die Nähmaschine mitbedienen oder den Stoff führen. Sind die Taschen erst einmal fertig, können sie zusätzlich bestickt oder bedruckt werden.

Die Supermarkt-Rallye

Ziel dieser Rallye ist es, den umweltfreundlichsten Supermarkt der Stadt bzw. des Stadtteils auszukundschaften. Die Rallye ist für mehrere Kinder (mindestens sechs) konzipiert. Eltern dürfen gerne mitspielen. Trommelt also Freundinnen und Freunde zusammen - und los geht's.

Vorher zu beachten:

Mit Kindern ab **8** Jahren

☛ Die zu lösenden Aufgaben müssen aufgeschrieben und für jedes Spielteam fotokopiert werden.

☛ Ein Spielteam kann aus zwei, drei oder vier Kindern bestehen.

☛ Der Aufgabenzettel sollte mit einem Einleitungstext versehen werden, der Angaben über den Zielort und den Zeitpunkt der Rückkehr enthält.

☛ Die Rallye sollte zu einer Tageszeit durchgeführt werden, an der die Supermärkte nur mäßig besucht sind (am besten: früher Nachmittag).

ÄPFEL KG. 1.99,-   TOMATEN KG. 1.49,-   MÖHREN KG. 0,99,-

Hier Eure Aufgaben:

Geht zuerst in die Obst- und Gemüseabteilung!
1. Wie ist die frische Ware verpackt?
2. Werden Obst- und Gemüsesorten auch lose angeboten?
3. Könnt Ihr Waren entdecken, die das Etikett „biologisch angebaut" tragen?
4. Wo kommen Obst und Gemüse her? Wird der Großteil in Deutschland produziert oder eher aus weit entfernten Ländern zu uns transportiert?

Nun zum Kühlregal:

5. Gibt es Milch in Pfandflaschen zu kaufen?
6. Wie sieht es mit Joghurt, Sahne und sonstigen Milchprodukten aus?
7. Sind die Eierschachteln aus Pappe oder aus Plastik?

Ein Rätsel für alle:

8. Wieviele Kilometer legt ein Erdbeerjoghurt zurück (angefangen auf der Kuhweide), bis er im Supermarkt landet?
❑ mehr als 5 km
❑ mehr als 50 km
❑ mehr als 500 km
❑ mehr als 5000 km
(Bitte ankreuzen)

In der Getänkeabteilung:

9. Wieviele Getränkesorten werden in Pfandflaschen angeboten?

10. Wieviele verschiedene Dosengetränke führt Euer Supermarkt?

11. Ist die Pfand-Annahmestelle leicht zu finden?

12. Könnt Ihr in anderen Abteilungen Dinge entdecken, die übertrieben verpackt sind?

13. Gibt es Produkte, die verpackungssparend angeboten werden?

(z. B. Waschmittel im Karton, Spülmittel zum Nachfüllen etc.)

14. Führt Euer Supermarkt Klopapier und Taschentücher aus 100% Altpapier?

15. Steht für alte Batterien ein Sammelbehälter zur Verfügung?

Seht Euch nun an der Kasse um!

16. Werden Plastiktüten oder Stoffbeutel an der Kasse verkauft? Was ist billiger?

17. Stehen vor dem Ausgang Sammelbehälter, in denen die Verpackungsmaterialien getrennt entsorgt werden können? Wenn ja, welche?

18. Wohin kommt der Verpackungsmüll? Fragt an der Kasse!

Die Lösung für Frage 8 lautet:
7587 Kilometer!!

Müll gibt's überall

Doch was tun?
Auf den nächsten Seiten finden
sich praktische Beispiele
aus der kindlichen Alltagswelt.

Die Sammelsuse

Die Suse sammelte alles.
Sie sammelte leere Kartons, und in
diese Kartons legte sie die gesammelten Sachen hinein. Sie sammelte
Schachteln und Tüten, leere Zahnpa-
statuben, Tablettenröhrchen und Sil-
berpapier. Suse sammelte vertrock-
nete Blumen, Lutscherstiele
und Vogelfedern. Sie sammelte Steine, Grashalme und
Kirschkerne. Suse sammelte Birken-
baumblätter, Lindenbaumblätter, Tan-
nenzapfen und Flaschenverschlüsse.
Der Vater sagte zu Suse: „Hör auf."
Aber Suse sammelte weiter.
Sie baute Sammelkartontürme, und
die reichten fast bis an die Decke.
Suse konnte bald nicht mehr spielen
im Zimmer, sie konnte nicht mehr gehen im Zimmer, überall standen Kartons. Wenn Suse ins Bett gehen wollte, mußte sie mit der Leiter über Kar-
tontürme klettern.

Zum Vorlesen.
Für Kinder
ab 6 Jahren

Und sie baute die Türme höher und
höher. Einmal, als sie wieder über die
Kartons hinweg in ihr Bett wollte,
stürzten die ganz hohen Türme zusammen. Suse fiel in ihr Bett und mit
ihr 27 Kartons.
Der Vater und die Mutter kamen
schnell in das Zimmer. Von ihrer
Suse war gar nichts zu sehen. Sie
warfen ganz
schnell alle Kar-
tons aus dem
Fenster. Dann
fanden sie Suse.
Die war noch
ein bißchen er-
schrocken, aber
sonst ging es ihr
gut. Danach hat
Suse ein
bißchen weni-
ger gesammelt.

Ene, mene, Müll

Hallo Kinder! Habt Ihr schon mal darüber nachgedacht, daß Euer Spielzeug nicht einfach aus dem Spielzeuggeschäft kommt? Auch Spielzeug wird aus Rohstoffen gemacht, die wir aus der Erde holen.

Auch Spielzeug macht Müll. Was Kinder über ihre Lieblingsspiele und Kuscheltiere wissen sollten, steht hier.

Spielzeug macht nicht nur Müll, wenn Ihr es wegwerft, sondern schon wenn es hergestellt wird. Und die vielen Verpackungen erst!!! Das meiste Spielzeug wird sehr aufwendig verpackt, damit die Kinder oder deren Eltern es kaufen. Auch das bedeutet eine Verschwendung von Bodenschätzen, gegen die Ihr etwas tun könnt.

Nicht, daß Ihr denkt, Ihr dürft jetzt kein Spielzeug mehr kaufen. Dann wäre die Welt ja völlig öde!

Schaut Euch die Sachen, mit denen Ihr gern spielt, doch einfach mal genauer an. Woraus sind sie gemacht - aus Stoff, Plastik oder Holz? (Wenn Ihr es nicht wißt, fragt Eure Eltern.) Kriegt Ihr den Unterschied heraus zwischen stabilen Spielsachen und solchen, die schnell kaputtgehen? Wovon habt Ihr mehr? Habt Ihr schon mal eins von Euren Spielzeugen repariert?

Spielsachen, die lange halten, muß man nicht dauernd ersetzen. Das ärgert zwar den Spielwarenhersteller, weil er nicht mehr so viel verdient – aber dafür freut sich die Umwelt um so mehr. Schließlich werden auf diese Weise weniger Bodenschätze verbraucht und die Müllkippen wachsen etwas langsamer.

Hallo Eltern! Untersuchen Sie das Spielzeug doch mal gemeinsam mit den Kindern. Erklären Sie ihnen, warum man Erdöl braucht, um Legosteine herzustellen oder Barbiepuppen. Vielleicht können Sie sich noch erinnern, wie Ihre eigenen Spielsachen früher ausgesehen haben. Und was passierte, wenn etwas kaputtging. Erzählen Sie den Kindern davon.

Und wenn sich Ihr Nachwuchs das nächste Mal ein neues Spielzeug wünscht, dann überlegen Sie gemeinsam, welches Material am längsten hält.

Ein Joghurtbecher hat Folgen

Vater: *„Du brauchst den Joghurtbecher nicht in den Abfalleimer zu werfen. Wir waschen ihn besser aus."*

Tochter: *„Wieso?"*

Vater: *„Dann kannst du den Becher zum Tuschen nehmen oder damit basteln."*

Tochter: *„Und wenn ich ihn doch wegschmeiße?"*

Vater: *"Aber warum? Wenn du ihn jetzt wegwirfst, wird
er doch sofort verbrannt."*

Tochter: *„Verbrannt?"*

Vater: *„Ja. Plastikbecher lassen sich nur schwer recyclen.
Deshalb kommen sie meistens zur Müllverbren-
nungsanlage."*

Tochter: *„Die habe ich noch nie gesehen...wo ist die denn?"*

Vater: *"Nicht weit von hier. Eine große Müllkippe ist
gleich gegenüber. Du kannst dort riesige Abfall-
haufen sehen und große Fahrzeuge, die den Müll
pausenlos zusammenschieben."*

Tochter: *„Iiiih, das stinkt doch bestimmt fürchterlich!"*

Wenn Sie das nächste Mal ihren Müll loswerden wollen,
dann lassen Sie die Kinder mitfahren. Zugegeben, die städti-
sche Mülldeponie ist alles andere als ein malerisches Aus-
flugsziel. Doch die unmittelbare Begegnung vor Ort vermit-
telt den Kinder weit mehr Eindrücke als ein Gespräch jemals
leisten kann. Der Besuch einer Müllsortierungsanlage, einer
Deponie oder einer Verbrennungsanlage ist deshalb auf jeden Fall empfehlenswert. Vielleicht können sich auch mehrere Familien für diese Unternehmung zusammentun. Unbedingt zu beachten ist, daß der geplante Besichtigungstermin
mit den jeweiligen Entsorgungsbetrieben abgesprochen wird.
Oft werden sogar Führungen angeboten.

Stichwort: Mülldeponie

Bis in die 70er Jahre hinein war es gang und gebe, daß die Menschen ihren Müll überall in der Gegend herumwarfen. Die weit verbreiteten „wilden Kippen" lagen häufig in Wohngegenden oder sogar in Naturschutzgebieten. War die Kippe voll, wurde Erde darübergefahren und Bäume gepflanzt. Heute weiß man kaum noch, wo überall Müll in der Erde lagert.

Mit Verabschiedung des Abfallbeseitigungsgesetztes von 1972 wurden die wilden Müllkippen geschlossen und durch mehr oder weniger kontrollierte Deponien ersetzt. Doch mangelnder Untergrundschutz führte dazu, daß Giftstoffe aus den Müllablagerungen ausgewaschen wurden und ins Grundwasser sickerten.

Ebenso belasten bei der Deponierung entstehende schadstoffhaltige Gase die Luft und die Angst der Bevölkerung vor gesundheitlichen Beeinträchtigungen wächst.

Die Kinder der Stadt Hibidu

Es begab sich zu einer Zeit, als die Städte immer größer und stinkiger wurden, daß alle unzufriedenen Kinder zusammenkamen, um über die weitere Zukunft zu beraten. Was sollte geschehen?

Die Kinder hatten längst keine Lust mehr, auf den verdreckten Straßen zu spielen und die verpestete Stadtluft zu atmen. Sie wünschten sich endlich wieder grüne Wiesen zum Toben, saubere Seen zum Baden und viele neue Spielplätze zum Spaß haben.

Da die Kinder wußten, daß die Erwachsenen nicht auf ihre Wünsche hören würden, beschlossen sie, ihre eigene Stadt zu gründen. Die neue Stadt wurde Hibidu genannt, weil allen Kindern der Name gut gefiel. Außerdem kannten sie keine andere Stadt, die so hieß, und ihre Stadt sollte schließlich etwas Besonderes sein.

Eine Geschichte zum Weiterspinnen. Für Kinder ab 4 Jahren.

Als erstes erfüllten sich die Kinder alle ihre Wünsche: Stinkige Autos wurden verboten, stattdessen bauten sie viele Fuß- und Fahrradwege. Anstelle von Parkplätzen wurden große Spielwiesen angelegt. In Hibidu gab es auch keine Hochhäuser mehr, die Kinder lebten in kleinen verwinkelten Häuschen mit großen Fenstern, in die man am Tage immer hineinschauen konnte.

Es wurden viele Bäume gepflanzt und Gärten voller Blumen angelegt. Als die Kinder diese Arbeit beendet hatten, setzten sie sich wieder zusammen, um zu überlegen, was in ihrer schönen Stadt noch fehlte. Einige Kinder riefen: „Wir brauchen noch mehr Spielzeug!" und andere forderten: „Wir wollen wieder Pommes essen!" Also wurden schleunigst Spielwarenläden und Imbißbuden eröffnet.

Auf diese Weise erfüllten sich die Kinder einen Wunsch nach dem anderen und spielten ansonsten den ganzen Tag. Die ersten Wochen war die Stadt Hibidu für alle ein Schlaraffenland. Wenn den Kindern ein Spielzeug langweilig wurde, warfen sie es einfach fort und besorgten sich ein neues. Da sie keine Lust zum Kochen hatten, aßen sie zu Mittag und zu Abend in den Imbißbuden.

Noch weniger Lust hatten sie natürlich zum Abwaschen und so benutzten sie jeden Tag Plastikgeschirr, das man einfach wegschmeißen konnte, wenn es dreckig war.

Die Müllhalden, die vor der Stadt Hibidu lagen, begannen kräftig zu wachsen. Jeden Tag kam neuer Müll hinzu: langweilig gewordenes Spielzeug, Berge von Getränkedosen und Plastikgeschirr, kaputte Fahrräder und zerrissene Klamotten. Die Kinder von Hibidu wollten im-

mer das Neueste haben und nur
mit den schönsten Sachen spielen. Sie dachten nicht darüber
nach, daß alles, was sie benutzt
und in den Abfall geworfen hatten, niemals verloren gehen würde. Sie glaubten, daß das, was
sie nicht mehr sahen, auch für
immer verschwunden wäre.
Doch der Müll sammelte sich unaufhörlich vor der Stadt und wurde mit jedem Tag mehr.
Es dauerte nicht lange, da begannen die Müllhalden fürchterlich
zu stinken. Der Gestank zog
durch die ganze Stadt und
brannte so schrecklich in der
Nase, daß die Kinder kaum noch
draußen spielen konnten. Die
Müllhalden waren zu hohen Ber-
gen geworden. Sie ließen kaum
noch Sonne in die Stadt, und es
wurde von Tag zu Tag dunkler.
Unter den Kindern brachen erste
Krankheiten aus und einige
Vögel starben, weil sie giftige
Abfälle gefressen hatten.
Daraufhin wurden alle Kinder
schnellstens zusammengerufen.
Sie wollten unbedingt etwas un-
ternehmen, um die drohende
Müllkatastrophe zu verhindern.
Was konnten sie tun?

Müll macht müde Eltern munter

Welche Ideen zur aktiven Müllvermeidung lassen sich gemeinsam mit den Kindern umsetzen?

Spielzeug-Tauschbörse

Langweilig gewordenes Spielzeug muß nicht in den Müll und kaputtes läßt sich vielleicht noch reparieren. Zu diesem Zweck veranstaltete eine Eltern-Initiative erstmalig eine Tauschbörse in dem nahegelegenen Stadtteilzentrum. An der Eingangstür wurde ein großes Plakat aufgehängt, welches die Kinder selbst gestaltet hatten.
Unter der Über-schrift:

SPIELZEUG MACHT AUCH MÜLL-STOPPT DIE MÜLLBERGE

war eine Bildcollage mit einem riesigen Spielzeug-Müllberg zu sehen.
So manches ausgediente Spielzeug wechselte an diesem Tag seinen Besitzer und die Veranstaltung wurde ein voller Erfolg.

Klamotten-Flohmarkt

Eine ähnlichen Idee lag dem Klamotten-Flohmarkt zugrunde. Auch hier ging es darum, zu klein oder unbrauchbar gewordene Kleidung weiterzugeben anstatt sie wegzuwerfen.
Die Veranstaltung fand nach Absprache mit den Gruppenleiterinnen im Kindergarten statt. Zwei Mütter und ein Vater organisierten die Einladungen und stellten Tische bereit. Die Kinder, die auf dem Flohmarkt verkaufen wollten, mußten sich vorher anmelden.
Das Angebot wurde von vielen Familien genutzt und die Jüngsten hatten beim Verkauf viel Spaß.

Der etwas andere Einkaufszettel

Auch Eltern müssen umlernen, wenn sie in Sachen „Müll" mit gutem Beispiel vorangehen wollen. Das ist gar nicht so einfach.

Überlegen Sie mit ihren Kindern zusammen, was Sie für den Schutz der Umwelt tun können. Der etwas andere Einkaufszettel ist eine erste Hilfe für den Start in einen umweltbewußteren Alltag.

Das „Riesseikling" - Spiel

Wer der Müllflut konsequent begegnen will, muß folgendes Gebot unbedingt beachten: die Entstehung von Abfall so weit wie möglich zu vermeiden. Doch bei allen Bemühungen bleibt leider eine große Restmenge an Müll zurück. Der entstandene Abfall kann jedoch weiter genutzt werden. Bei einer gezielten Wiederverwertung läßt sich zumindest ein Teil der wertvollen Rohstoffe zurückgewinnen. In den letzten Jahren wird diese Methode unter dem Begriff „Recycling" verstärkt angewandt. Leider wissen immer noch zu wenige, wie sich was „recyclen" läßt. Um Nachbarn und Kinder über die Wiederverwertungsmöglichkeiten von Abfallstoffen aufzuklären, können Eltern ein gemeinsames Stadtteilspiel planen. Die Aufgaben lassen sich derart konzipieren, daß Mitspielerinnen und -spieler während ihres Rundgangs alle wichtigen Sammelstellen, vom Altglascontainer bis zur Altkleiderannahme, anlaufen müssen. Die Wegekarte läßt sich auf unterschiedliche Art gestalten. Damit auch die Kinder wissen, wo es lang geht, und die Eltern ihnen nicht jeden Schritt erklären müssen, ist es hilfreich, die Route nicht nur aufzuschreiben, sondern den Plan weitgehend mit Bilderfolgen und Symbolen zu versehen. Die nächste Seite soll als Anregung dazu dienen. Außerdem ist zu beachten, daß die

Anlaufpunkte nicht zu weit voneinander entfernt liegen. Die Spieldauer sollte – mit Rücksicht auf die kurzen Kinderbeine – nicht länger als eine bis eineinhalb Stunden betragen. Damit die Beteiligten Zeit zum Verschnaufen haben ist es sinnvoll, mehrere Haltepunkte in die Route einzubauen. Zu Beginn der Müllrallye werden Kinder und Erwachsene in Kleingruppen aufgeteilt. Wenn es noch spannender werden soll, kann die Zusammensetzung der Spielteams vorher ausgelost werden. Danach erhält jede Kleingruppe eine Wegekarte und ein Aufgabenblatt. Start und Ziel sollte ein allen bekannter Ort (z. B. Kindergarten, Schule) sein.

Bei der Auswahl der Aufgaben ist zu bedenken, daß alle Mitspielerinnen und -spieler auf ihre Kosten kommen. Die Eltern brauchen auch etwas zum Grübeln. Folgende Vorschläge sind eine hilfreiche Unterstützung, um spannende Aufgaben zu erfinden:

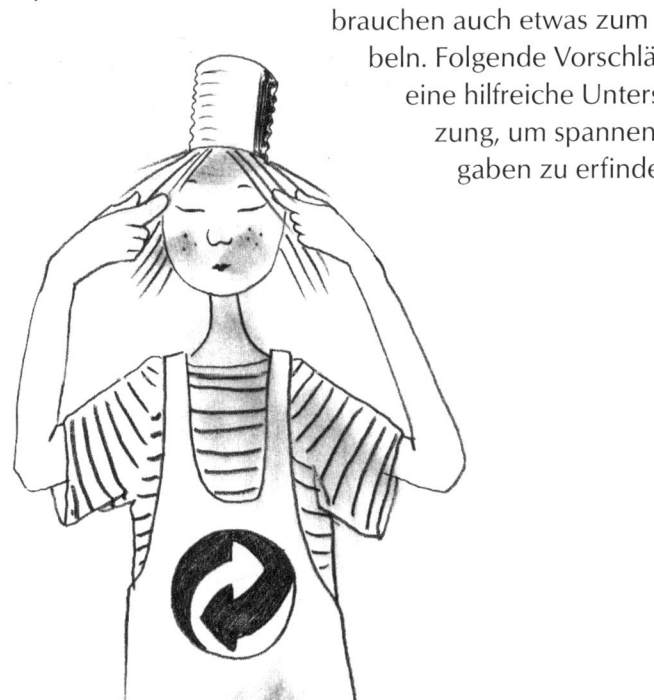

Für Kurze...

● Klingelt bei einem Nachbarn und fragt, ob Ihr seine leeren Einwegflaschen zum Glascontainer bringen könnt. Wißt Ihr, wo der nächste steht? Wenn nicht, schaut auf die Karte!

● Im Park vor dem Schwimmbad liegt zuviel Müll. Sammelt auf, was Ihr finden könnt, und bringt den Abfall mit.

● Geht zur Altkleider-Annahmestelle und bittet dort um ein Kleidungsstück für Eure Klamottenkiste. Die Adresse steht notfalls im Telefonbuch!

● Bringt eine Flasche Orangensaft mit zurück. Bedingung: Es muß eine Pfandflasche sein! In welchem Laden habt Ihr sie gefunden?

● Die Schokolade ist als kleine Stärkung für eine Verschnaufpause gedacht. Doch wehe, Ihr bringt das Alupapier wieder mit! Findet heraus, wo es gesammelt wird.

● Sucht einen Regenwurm für unseren Garten! Aber behandelt ihn vorsichtig, er braucht es feucht und dunkel.

... und Lange

● Wieviele Altglas-Container stehen schätzungsweise in unserem Stadtteil?

● Wie lang dauert es, bis ein Joghurtbecher aus Plastik verrottet? (Fangfrage!)

● Suchen Sie Abfallmaterialien zusammen, aus denen sich ein Kinderspiel herstellen läßt!

● An welchem Tag im Monat wird das Altpapier aus unserem Stadtteil abgeholt?

● Bei welcher Sammelstelle sind kaputte Kühlschränke in guten Händen? Falls Sie die Frage nicht beantworten können, rufen Sie die Abfallberatung an! Wie lautet ihre Telefonnummer?

Wenn das keine aufregende Rallye wird! Spannung und Spaß sind jedenfalls garantiert. „Ganz nebenbei" wird mit spielerischen Mitteln gelernt, wie „Recycling" funktioniert. Die Rallye bietet dazu vielfältige Anregungen. Außerdem werden weitere Anknüpfungspunkte geschaffen, die allgemeines Interesse am Thema wecken können.

Stichwort:
Recycling

Das englische Wort „Recycling" tauchte bei uns erst Mitte der 60er Jahre auf. Es hat seinen Ursprung in dem altgriechischen Wort „Kyklos", was übersetzt „Kreis" bedeutet.

Recycling meint also, etwas in den Kreis zurückgeben. In Bezug auf Müll geht es um die Rückführung von Rohstoffen in den Produktionskreislauf. Wir kennen die Wiederverwertung von Altstoffen besonders bei Glas, Papier und Metallen.

Die derzeitigen Recyclingversprechen führen dazu, daß Verbraucher und Verbraucherinnen dazu neigen, Einwegverpackungen wieder stärker zu akzeptieren. Der „Grüne Punkt" wird in der Öffentlichkeit als eine Art Umweltengel gehandelt, obwohl er sich ausschließlich auf Einwegverpackungen befindet, deren Verwertung nicht immer abgesichert ist. Besonders bei Kunststoffprodukten fehlen technische Verfahren zur Wiederverwertung.

Nichtsdestotrotz spart das Recycling Rohstoffe und Energie und schont somit die Umwelt.

Aktion „Müllfreie Schule"

Die Jugendgruppe der Umweltorganisation BUND startete
1991 eine Fragebogenaktion zum Thema „Müllfreie Schule".
Die verschickten Fragebögen sollten das Müllbewußtsein
schärfen und zu Aktivitäten in den angeschriebenen Schulen
führen.
Heraus kam, daß zwar 81 Prozent der Schulen ihre Abfälle
getrennt sammelten, jedoch beschränkte sich die Sammlung
meist auf Altstoff-Container. Einen Komposthaufen hatten nur
39 Prozent vorzuweisen und häufig wurde dieser nur für
Grünschnitt der Schulanlagen genutzt. Als Sondermüll sammelten viele Schulen lediglich ausgediente Batterien - die
chemischen Abfälle aus dem naturwissenschaftlichen Unter-
richt wurden selten fachgerecht entsorgt.
Ein Münchner Gymnasium zeigte, daß es auch anders geht.
Nach Vermeidung, Kompostierung und Wertstofftrennung
blieben in der Schule nur noch 9 Prozent des ursprünglichen
Mülls übrig.

*Nehmen Sie doch die nächste Elternversammlung einmal
zum Anlaß, um in Kindergarten oder Schule ein Gespräch
über Müll anzuregen. Vielleicht können die Kinder dort einen eigenen Abfallreport erstellen. Das bringt oft Erstaunli-
ches zutage und motiviert zu konsequenterer Müllvermeidung. Ihre Kinder können dabei die Arbeit der „Abfall-
detektive" übernehmen und gemeinsam mit den Erwachsenen nach alternativen Lösungsmöglichkeiten suchen.*

Schätze
aus der
Tonne

Abfallmaterialien sind nicht wertlos –
ganz im Gegenteil!
Was Kinder mit Müll alles
machen können zeigt eine
Fülle von kreativen Bastelideen.

Spielzeug aus Verpackungen

Materialien, die eine Veränderung oder Umgestaltung zulassen, haben für Kinder oft einen großen Reiz. Der Umgang mit ihnen entspricht den kindlichen Bedürfnissen nach ständigem Ausprobieren und eigenem Gestalten. Einige Pappschachteln, buntes Papier, Farbe und Klebstoff reichen aus, um Kinder für Stunden zu beschäftigen. Die Ideen kommen dabei von ganz allein, jederzeit veränderbare Materialien fordern sie geradezu heraus.

Ehemals zum Wegwerfen bestimmt, verwandeln sich die Verpackungsmaterialien in den Händen von Kindern zu den phantasievollsten Gebilden

Unsere Mülleimer sind voll von interessanten und vielgestaltigen Verpackungen. Ihre Verwendung für Bastelarbeiten ist
eine Begegnung mit unterschiedlichsten Formen und Strukturen. . Aus einer Spülmittel-Flasche wird plötzlich ein Fahrzeug
und aus einer Pappröhre der Turm eines Märchenschlosses.

*Die Entscheidung, was brauchbar oder unbrauchbar, also
Abfall, ist, wird viel zu häufig von den Erwachsenen gefällt.
Anstatt zum Deckel des Mülleimers zu greifen, sollten Sie
den Sammeleifer Ihrer Kinder tatkräftig unterstützen.* Denn
die als „wertlos" abgestempelten Materialien bieten oft mehr
Anregungen zum Spielen und Lernen als aufwendig produzierte Waren der Spielzeugindustrie. In diesem Kapitel wird
es darum gehen, verschiedene Gestaltungsmöglichkeiten mit
Abfallmaterialien zu entdecken.

Einfälle mit Abfällen

„Abfallende" Verpackungsmaterialien aus dem Haushalt bieten ein reichhaltiges Angebot an Gestaltungsmöglichkeiten. Wenn Kinder erst einmal mit dem Basteln und Bauen beginnen, dauert es nicht lang, bis sie alles um sich herum vergessen. Die Erfahrungen und Erlebnisse, die sie während des Entstehungsprozesses eines Spielgegenstandes machen, sind oft bedeutender als das Endprodukt selbst. Das Kind entdeckt, wie sich durch sein Einwirken Neues entwickelt. Die Beschäftigung an sich wird zum Erfolgserlebnis. Die Ausgestaltung der Abfallmaterialien erfordert Fingerfertigkeit und Kreativität. Durch die Fülle des greifbaren Materials besteht für jedes Kind die Möglichkeit, sich seine persönlichen Spielgegenstände anzufertigen. Abfallstoffe erhalten in Verbindung mit anderen Materialien noch einen zusätzlichen Reiz.

„Wir basteln uns viel Platz in der Mülltonne" lautet die irreführende Werbung eines Getränkekarton-Herstellers. An dieser Stelle bekommt der Spruch doch noch einen Sinn.

Eine Entdeckungsreise in die Natur beispielsweise kann das vorhandene Angebot an Werkstoffen erweitern. Die verschiedenartigen Natur- und Verpackungsmaterialien lassen sich hervorragend kombinieren. Wenn Eltern entdecken, welche wichtigen Lernerfahrungen ihre Kinder mit Abfallmaterialien machen können, sind sie meist gern bereit, nach entsprechenden Dingen Ausschau zu halten und ihren Haushaltsmüll genauer zu sortieren.

Joghurtbecher & Co.

Die Zauberblume

Mit Hilfe einer erhitzten Stricknadel werden Löcher in die Becherböden gebohrt. Das vorher in Streifen (10 cm breit) geschnittene Kreppapier an einer Längskante fransig ausschneiden. Die fertigen Streifen mit Blumendraht um das obere Ende des Holzstabes wickeln und diesen durch die Bodenöffnung des Bechers schieben. Zur weiteren Verzierung kann der Plastikbehälter innen und außen mit grünem Krepppapier beklebt werden.

● ● ● ● ●
Material:
Joghurtbecher,
dünne Holzstäbe,
Blumendraht,
Kreppapier, Stricknadel.
● ● ● ● ●

Der Regenwurm

Fünf der Joghurtbecher mit der erhitzten Nadel ein Loch in den Boden stechen. Die Becher in gleicher Richtung auf einen Wollfaden aufziehen. Dabei an jedem Loch beidseitig einen Knoten machen, damit sie nicht verrutschen. Der sechste Joghurtbecher erhält zwei gegenüberliegende Seitenlöcher und dient als Kopf. Der Becherwurm wird mit drei Wollfäden an einer Holzleiste oder einem möglichst geraden Baumzweig aufgehängt.

● ● ● ● ●
Material:
sechs Joghurtbecher, Holzleiste
(ca. 30 cm), Wollreste, Stricknadel.
● ● ● ● ●

Margarineautos und Käseschiffchen

Ausgediente Plastikverpackungen lassen sich mit ein wenig Phantasie in schnittige Fahrzeuge verwandeln. Dabei werden größere Plastikdosen oder Margarinebecher als Fahrzeugkörper verwendet. Die Gläserdeckel dienen als Reifen, die Flaschenverschlüsse als Scheinwerfer. Wer mit seinen Kindern Schiffe bauen möchte, kann Plastikfolien als Segel einsetzen. Die nötigen Verbindungen lassen sich so herstellen:

● ● ● ● ●
Material:
Plastikverpackungen aller Art,
 Gläser- und
Flaschendeckel,
Korken, Hammer
und Nagel, Schere,
Zwirnfaden, Klebstoff, dicke Nadel,
längere Holzstäbchen
● ● ● ● ●

● den Fahrzeugkörper vorn und hinten mit gegenüberliegenden Löchern versehen und jeweils einen Holzstab hindurchschieben

● mit Hammer und Nagel Löcher in die Gläserdeckel schlagen, um sie anschließend auf die Holzstäbe schieben zu können

● Korkenscheiben geben den Rädern den nötigen Halt

● Flaschendeckel löchern und mit Nadel und Faden auf dem Fahrzeugkörper anbringen

● beim Schiff wird ein Holzstab als Mast durch den Boden der PlastiKverpackung geschoben und von beiden Seiten mit Korkenscheiben fixiert

● zusätzliche Plastikteile lassen sich mit Klebstoff befestigen

Grußkarten in 3D

Material:
dünner Pappkarton, kleine Plastikverpackungen wie Bonbondöschen, Miniportionspackungen etc., Schere, Malfarben, Pinsel, Stifte

Der Pappkarton wird in Postkartengröße (10x15 cm) zugeschnitten. Anhand der verschiedenförmigen Plastiverpackungen überlegen die Kinder, welches Motiv sie für ihre Grußkarte wählen wollen. Eine runde Dose kann zu einem Baum werden, eine eckige zu einem Haus und so weiter.

Die Plastikmaterialien werden dann entsprechend auf den Karton geklebt. Sind sie getrocknet, kann mit der Ausgestaltung der Karte begonnen werden. Eine kleine Käseverpackung erhält Arme und Beine und wird plötzlich zu einem Marsmännchen oder einem Nilpferd.

Abschließend können die Karten nach Wunsch beschriftet werden.

Gläser & Dosen

Die Glitzerkugel

Die Glitzerkugel ist nach einer Idee der bekannten Schnee-kugel entstanden. Das Glas wird dazu halbseitig mit Plakafar-ben bemalt. Eine oder mehrere Spielfiguren werden in den Deckel hinein geklebt. Auf dem Flohmarkt bekommt man oder frau diese Kunststoffiguren (Schlümpfe etc.) übrigens fast umsonst.

Nun das Glas mit Wasser füllen und die Glitterteilchen hin-einstreuen. Den Deckelrand mit Klebstoff versehen und fest auf das Glas schrauben, so daß die Spielfigur ins Wasser taucht. Wenn der Deckel angetrocknet ist, kann kräftig ge-schüttelt werden. Dann beginnt es wunderschön zu glitzern.

Material:
Glasbehälter mit Deckel (muß fest verschließbar sein), Plakafarben, Spielfiguren aus Plastik, Klebstoff, Glitter.

Das Flaschenkonzert

An einem Flaschenkonzert können beliebig viele Kinder und Erwachsene und jede Menge Glasflaschen teilnehmen. Wichtig ist, daß die Flaschen möglichst verschiedene Formen und Größen aufweisen. Als Schlaginstrumente eignen sich Gabeln aus dem Eßbesteck am besten. Vor dem Konzert werden die Flaschen unterschiedlich hoch mit Wasser befüllt. Alle Musiker erhalten eine Gabel und dann kann's losgehen.

Der Poltergeist

Für den Geist wird eine kleine Dose (Kopf) und eine große Dose (Körper) gebraucht. Mit dem Dosenöffner kleine Löcher hineinbohren. Bindfäden für Arme, Beine und Hals durch-ziehen und verknoten. Die Flaschendeckel ebenfalls lochen und auf die Fäden ziehen. Einen rechteckigen Stoffrest als Gei-stergewand um den Hals wickeln – fertig ist der Poltergeist!

Material:
kleine und große Dosen aus Blech, Flaschendeckel, Bindfaden, Stoffreste

Stichwort: Glas

Glas - ehemals ein kostbarer Rohstoff - ist heute nach Papier die zweithäufigste Verpackungsart. Glas wird im wesentlichen aus Quarzsand, Soda und Kalkstein hergestellt. Die Hauptbelastung bei der Glasproduktion wird durch die Sodaherstellung und das damit verbundene salzhaltigen Abwasser verursacht. So ist der erhöhte Salzgehalt des Rheins hauptsächlich auf die umliegenden Sodafabriken zurückzuführen.

Leider werden die verschiedenfarbigen Altglassorten immer noch nicht genügend sortiert, was zur Folge hat, daß der Recyclinganteil bei Weißglas lediglich schlappe 20 Prozent beträgt. Ansonsten gilt für die Wiederverwertung von Glas die gleiche Entwicklung wie bei allen anderen Verpackungsmaterialien: Trotz steigender Recyclingquoten steigt der Bedarf an Neuglas kontinuierlich an

Die Kling-Klang-Kette

Material:
Blechdosen, Flaschen, Plastikbehälter und ähnliches, Schnüre, langes Seil, Kochlöffel

Das Seil wird zwischen zwei Bäume oder Pfeiler gespannt. Sämtliche Dosen, Flaschen und anderen Behälter werden mit Hilfe der Schnüre daran aufgehängt. Mit dem Kochlöffel lassen sich nun ganz unterschiedliche Töne erzeugen. Die Symphonie in Müll kann beginnen!

Dosensamba

Auch mit Dosen läßt sich auf vielerlei Art musizieren. Wie wär's mit heißen Sambarhythmen? Folgende Instrumente werden dafür benötigt:

Trommel: große Dose (am besten Keksdose), dicke Paketschnur, Hammer, Nagel, Material zum Bekleben oder Bemalen
Zuerst werden in den Deckel zwei sich gegenüberliegende Löcher geschlagen, danach ebenfalls in den Dosenboden. Die Schnur wird durch alle vier Löcher gezogen und unter dem Dosenboden an den Enden verknotet.
Je nach Geschmack kann die fertige Trommel mit Farben oder Papier verschönert werden.
Rassel: kleinere Dose mit Deckel, eine Tasse Reis, Material zum Bekleben oder Bemalen
Rasseln lassen sich ganz einfach anfertigen. Der Reis wird in die Dose gefüllt, Deckel drauf und dann das gute Stück bunt verzieren - fertig ist das Sambainstrument!

Das Schnurtelefon

Im modernen Zeitalter der Telekommunikation kann man auch mit einfachsten Mitteln eine zuverlässige Verbindung herstellen.

Material:
zwei leere Konservendosen (Ø 7 cm), 15 m Zwirnsfaden oder Perlonschnur, Hammer, dünner Nagel

Von den Konservendosen müssen die Deckel ganz entfernt werden. Die scharfen Zacken anschließend mit dem Hammer flachklopfen. In beide Dosenböden mittig ein kleines Loch durchschlagen. Die Schnur wird jeweils durch die Löcher gezogen und an den Enden verknotet, damit sie nicht durchrutschen kann.
Beim Telefonieren muß die Schnur unbedingt straff gespannt sein, sonst leitet sie die Nachrichten nicht weiter.

Schachteln & Kartons

Der Wundergarten

Material:
Schuhkarton, Naturmaterialien wie Steine, Sand, Zweige, Laub und ähnliches, Klebstoff, Schere.

Mit vielgestaltigen Naturmaterialien kann sich jedes Kind seinen eigenen Garten anlegen. Der Schuhkarton dient als Boden und seitliche Begrenzung. In seinem Innern können die schönsten Landschaften entstehen: Kleine Zweige werden zu Bäumen, Steine zu Felsen und verfärbtes Laub zu bunten Feldern. Der Phantasie sind keine Grenzen gesetzt. Zur weiteren Ausgestaltung lassen sich auch Verpackungsmaterialien verwenden. Aus kleinen Schachteln werden Häuser gebaut, und aus einem Rest Alufolie läßt sich ein See anlegen.

Der Fühlkasten

Material:
Pappschachtel, buntes Papier, Klebstoff, Schere.

Der Fühlkasten ist einfach in der Herstellung und enorm in seiner Wirkung: In eine Seite der Schachtel wird ein Loch hineingeschnitten, so groß, daß eine Hand gerade durchpaßt.
Die Kiste kann nach eigenem Geschmack mit Buntpapier beklebt werden. Jetzt noch reichlich Material zum „Erfühlen" sammeln, das in der Kiste verschwindet, und los geht das Tastkim!

Material:
Pappschachteln in allen Größen, Kartonunterlage (50x60 cm), Pappröhren, Eierkartons und: Korken, Flaschendeckel, Streichhölzer, Stoffreste, Klebstoff, Schere, Sprühfarbe (ohne Treibgas)

Das Schachtelschloß

Unter Verwendung der zahlreichen Schachteln wird ein richtiges Schloß gebaut. Aus Pappröhren und Eierkartons lassen sich hohe Türme konstruieren. Mit den weiteren Materialien wird der „Rohbau" ausgestaltet. Gold- oder Silbersprühfarbe läßt dann den vollendeten Palast in herrlichem Glanz erstrahlen.

Zeitungspapier

Pappmaché

Pappmaché ist eine beliebte und vielseitige Modelliermasse. Die Herstellung ist ganz einfach: Ein Paket Tapetenkleister anrühren und zwanzig Minuten ziehen lassen. Das Zeitungspapier zu Kugeln formen und in den fertigen Kleister tunken. Das Arbeiten mit Pappmaché ist eine herrlich schmierige Angelegenheit, bei der die Kinder viel Spaß haben.

Die Luftballonmaske

Das Zeitungspapier wird mit viel Kleister bestrichen und in Schichten auf den aufgeblasenen Luftballon geklebt. Erst die Form trocknen lassen. Dann kann die Luft aus dem Ballon entweichen.
Nun Öffnungen für Augen, Nase und Mund einschneiden. Abschließend die Maske bunt bemalen und mit Woll- und Stoffresten bekleben.

Material:
Luftballon, Zeitungspapier, Tapetenkleister, Wasserfarben, Woll- und Stoffreste

Der Dinosaurier

Dinosaurier begeistern alle Kinder. Aus Pappmaché lassen sie sich einfach basteln. Bei der Anfertigung des Skeletts ist jedoch der geübte Umgang mit Draht und Kombizange erforderlich. Mein Tip: Mütter und Väter dürfen mitbasteln!
Alle Dinos erhalten das gleiche Skelett. Dafür wird ein Draht doppelt gelegt und eng in zweilagigem Zeitungspapier eingerollt. Damit sich das Papier nicht löst, werden Enden und Mitte mit Kreppklebeband umwickelt. Durch Abknicken von Kopf und Schwanz erhält das Dinoskelett seine vorläufige

Material:
Zeitungspapier, Pappe, Draht, (Durchmesser 1,5 cm), Kleister, Kreppklebeband, Flüssigklebstoff, Schere, Kombizange, Pinsel, Deckfarben, Unterlage

Stichwort: Papier

Papier wurde bereits im 2. Jahrhundert v. Chr. erfunden. Es entstand durch die Wiederverwertung von alten Textilien.

Heutzutage basieren Papierprodukte auf der Verarbeitung von Zellstoff, Holzschliff und Altpapier. Durch die Rodung der Wälder und die hohe Belastung der Abwässer ist die Papierherstellung stark umweltbelastend. Durch den Einsatz von Altpapier nehmen diese Umweltbelastungen merklich ab. Inzwischen beträgt der Recyclinganteil durchschnittlich 50 Prozent. Leider hat sich der Papierverbrauch weiter erhöht. Die zu beseitigende Abfallmenge von Papier hat sich seit 1950 trotz Wiederverwertung mehr als versiebenfacht.

Form. Vorder- und Hinterbeine werden nach der gleichen Methode hergestellt, in der Mitte geknickt und mit Klebeband am Rumpf befestigt.

Das Zeitungspapier wird in den fertig angerührten Kleister getaucht und schichtweise auf das Grundgerüst aufgebracht. Je nach gewünschter Form und Volumen können auch geknüllte Papierbäll-

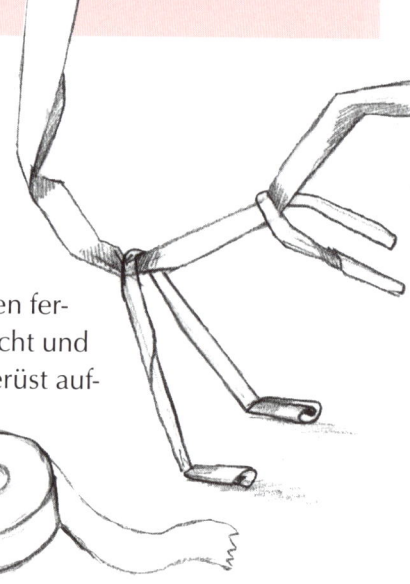

chen eingearbeitet werden. Zwischendurch muß der Dino immer wieder trocknen, damit er unter seiner Last nicht zusammenbricht. Ist die letzte Lage Zeitungspapier aufgetragen, bleibt die Figur mehrere Tage zum Durchtrocknen liegen. Währenddessen können schon Zacken, Flügel oder Flossen aus Pappe ausgeschnitten werden, die sich bei der nachfolgenden Ausgestaltung verwenden lassen. Mittels Deckfarben erhalten die Dinosaurier noch ein buntes Fell - fertig ist die Dinorunde!

Stoff & Wollreste

Der Webrahmen

Für den Webrahmen werden die vier Äste in quadratischer Anordnung mit Schnüren fest verbunden. Über den Rahmen können nun Fäden in gleichmäßigen Abständen gespannt werden. Mit vielen, bunten Wollresten und Stockstreifen lassen sich schöne Bilder weben. Wer eine größere Astgabel findet, kann auf die Anfertigung des Rahmens verzichten und gleich die Gabel bespannen. Auf diese Weise entsteht dann ein buntes Astgabel-Bild.

Material:
vier stärkere Äste, Schnüre, Wollreste, Stoffstreifen

Das kleine „Ich bin ich"

Material:
Stoffreste, Nadel
und Faden, Watte

Bilderbuch-Tip:
„Das kleine Ich bin
ich" von Mira
Lobe, Jungbrun-
nen Verlag

Aus einem bunten Stoffrest kann sich jedes Kind sein Schmu-setier ganz einfach selbst nähen. Die Form bleibt der eigenen Gestaltung überlassen. Damit das Schmusetier schön weich wird, sollte es mit viel Watte ausgestopft werden. Der Kopf wird mit einem Bindfaden abgebunden. Nun das Gesicht auf-malen und ein paar Wollhaare befestigen – fertig ist das klei-ne „Ich bin ich"!

Das Materialbild

Material:
Stoffreste, Wollfä-
den, Papierschnit-
zel, Knöpfe, Büro-
klammern, festes
Papier oder Kar-
ton, Klebstoff,
Schere.

Um Materialbilder anzufertigen, braucht es allerlei Kleinteile, die erst einmal gesammelt werden müssen. Dann können die Kinder ihre eigenen Phantasiegeschichten entwerfen. Viel-leicht handeln sie von wilden Löwen aus Stoffresten, Büro-klammer-Männchen und bunten Knopfblumen . . .

Das Lumpengespenst

Material:
Stoffreste, Zei-
tungspapier, zwei
kleine Äste, Woll-
reste, Stopfnadel,
Bindfaden

Für die Anfertigung eines Lumpengespenstes eignen sich Bettlaken oder Gardinenstoffe am besten.
In die Mitte der möglichst quadratischen Stofffläche wird eine Kugel aus Zeitungspapier gelegt und mit einem Bindfaden abgebunden - fertig ist der Gespensterkopf!
Für die Haare werden mehrere Wollfäden mit der Stopfnadel durch den Stoff gezogen. Augen und Mund lassen sich auf-malen oder aus Stoffresten ausschneiden und aufkleben.
Die beiden Äste werden zu einem Spielkreuz gebunden. Ein Bindfaden führt vom Gespensterkopf zur Mitte des Kreuzes. Die vier Stoffzipfel des Körpers werden über vier weitere Fä-den mit den jeweiligen Astenden verbunden. Jetzt kann das Gespenst wie eine Marionette bewegt werden.

Eierkartons & Pappe

Der Blumenkasten

Wer im Frühling die ersten Blumen aussäen möchte, kann dies auch in einem Eierkarton tun. Die einzelnen Vertiefungen werden mit Erde gefüllt und die Blumensamen vorsichtig hineingedrückt.

Nicht zuviel gießen und einfach ein paar Tage warten. Schon sind die ersten Keimlinge zu sehen! Nach spätestens drei Wochen müssen die Blumen ins Freie gepflanzt werden.

Material:
Eierkarton, Erde, Blumensamen

Die Pappschnecke

Um eine Pappschnecke anzufertigen, müssen aus dem Eierkarton zwei zusammenhängende Vertiefungen und eine einzelne ausgeschnitten werden. Das einzelne Pappstück wird als Schneckenhaus auf den Rücken geklebt. Den Pfeifenreiniger in Schwanz und Fühler zerschneiden. Mit der Schere Löcher in Kopf und Hinterteil bohren und die Drahtstücke hineinstecken. Bunt bemalt sieht die Pappschnecke noch schöner aus!

Material:
Eierkarton, Pfeifenreiniger, Klebstoff, Schere, Wasserfarben

Der Fallschirmspringer

Für den Körper des Fallschirmspringers wird ein 10 cm langes Stück Papprolle benötigt. Die fünf Korken bis zur Hälfte mit dem Sägemesser einschneiden. Sie bilden Kopf, Arme und Beine.

Der Korken für den Kopf wird auf das zusammengedrückte Ende der Papprolle geschoben. Unten, wo die Rolle noch rund ist, werden gegenüberliegend zwei Korken als Beine auf die Pappe geschoben. Nun aus der Plastiktüte ein Quadrat

Material:
1 Papprolle, 1 Plastiktüte, 5 Flaschenkorken, 2 m Schnur, Schere, Locher, Farbstifte, Sägemesser

Material:
Plastikflasche, Pappreste, zwei Stricknadeln, vier Naturkorken, Pfeifenreiniger, Klebstoff, Schere, Plakafarben, Nadel zum Durchstechen

von 35x35 cm zuschneiden und an allen vier Ecken lochen. Die Schnur in vier gleich lange Teile schneiden, durch jeweils ein Loch ziehen und festknoten. Immer zwei Schnurenden in einen aufgeschnittenen Korken schieben, bevor diese dann als Arme am Pappkörper befestigt werden.

Wer möchte, kann den Fallschirmspringer noch bunt bemalen und dann heißt es: Start frei für den Absprung!

Plastikbehälter

Das Flaschenschwein

In den unteren Teil einer liegenden Plastikflasche werden mit der erhitzten Nadel vier Löcher gebohrt. Die beiden Stricknadeln nun hindurchschieben und die Enden mit Korken versehen. Anschließend zwei Papprohre ausschneiden und auf die Flasche kleben. Für den Ringelschwanz ein Loch in das Hinterteil stechen und den gedrehten Pfeifenreiniger hineinstecken. Zum Schluß kann das Flaschenschwein mit Plakafarben verschönert werden.

Material:
Plastikverpackungen wie Becher, Deckel, Flaschen, Tüten, Schachteln, usw. Draht, Schnüre, Klebstoff, Schere

Das Müllmonster

Mit Hilfe der verschiedenen Plastikverpackungen läßt sich ein Müllmonster bauen. Draht und Schnüre dienen als Verbindungsteile, Klebstoff kann ebenfalls verwendet werden. Unser Müllmonster hatte einen dicken Waschmittel-Flaschen-Bauch, einen Kopf aus Dickmilch-Bechern, Haare aus Plastiktüten-Streifen und Deckel-Augen. Euch fällt bestimmt noch etwas Lustigeres ein!!

Stichwort:
Kunststoff

Im Vergleich zu anderen Materialien ist Kunststoff eine verhältnismäßig junge Erfindung. Dennoch ist er aus vielen Lebens- und Arbeitsbereichen nicht mehr wegzudenken. Etwa 22 Prozent des Kunststoffverbrauchs gehen zu Lasten von Verpackungen. Dabei ist Plastik ein teures und aufwendig zu produzierendes Material, denn Ausgangsstoff seiner Herstellung ist Erdöl. Der hohe Energieaufwand für kurzlebige Kunststoffverpackungen scheint inzwischen kaum noch gerechtfertigt.

Hinzu kommt , daß jeder einzelne Arbeitsschritt im Prozeß der Herstellung von Kunstofferzeugnissen mit dem Entstehen von schadstoffhaltigen Abfällen verbunden ist. Und auch bei der Entsorgung macht Plastikmüll Probleme: Da Kunststoffe nicht von Bakterien abgebaut werden, können sie auf der Deponie nicht verrotten. Das Langzeitverhalten ist bisher nur wenig erforscht und bei der sonst üblichen Verbrennung von Plastik bilden sich giftige Stoffe wie Cadmium, Chlor und Dioxin.

Aufgrund von Sortierproblemen und Qualitätsverlusten gibt es noch kein effektives Recyclingsystem, so daß lediglich 1 Prozent der Kunststoffe aus unseren Haushalten wiederverwendet werden kann.

Spiel
ohne
viel

Es muß nicht immer das aufwendig
produzierte Spiel aus der
Hochglanzpackung sein.
Bei den nun vorgestellten
Spielideen ist für alle etwas dabei –
und das fast zum Nulltarif.

Elementarspiele

bieten Kindern ihre ersten abstrakten Lernerfahrungen. Fähigkeiten wie Farben erkennen, Formen
zuordnen und Strukturen erfassen, werden dabei
besonders gefördert. Die meisten dieser einfach
aufgebauten Spiele lassen sich selbst anfertigen.

Teppichreste, Pappkarton,
Kronkorken und andere Weg-
werfmaterialien finden beim
„Selbermachen" vielseitige Verwendung. Wenn Kinder an der
Entstehung eines Spieles betei-
ligt sind, entwickeln sie dazu

Eltern haben bei der Anfertigung von Spielen die Gelegenheit, ihre eigene Phantasie und Kreativität einzusetzen.

oftmals eine wesentlich stärkere Beziehung als zu
einem gekauften Exemplar – auch wenn sie bei
der Herstellung nur teilweise mithelfen können,
weil einige anfallende Arbeiten für sie noch zu
schwierig sind. Eine hilfreiche Unterstützung
durch den Erwachsenen ist deshalb häufig erforderlich. Sinnvolle Arbeitsteilung wird dabei not-
wendig, die das gemeinsame praktische Tun posi-
tiv verstärkt. Sie brauchen nicht nur nach den vor-
gegebenen Anleitungen zu arbeiten, sondern können darüber hinaus versuchen, eigene Spiele zu
erfinden und zu konstruieren. Die unterschiedlichen Materialien bieten genügend Anreiz dazu.

Teelicht-Rätsel

Kleine Gegenstände werden nun unter die Teelicht-Deckel gelegt. Kräftig mischen! Dann darf jedes Kind zwei Teelichte hochheben. Wenn es ein Paar erwischt, kann dies behalten. Wer die meisten Gegenstandspaare findet, hat gewonnen.

Material:
20 ausgebrannte Teelichte, kleine Gegenstände, wie Nüsse, Büroklammern, Streichhölzer, usw.
Die Gegenstände müssen je zweimal vorhanden sein

Teppich-Kim

Bei diesem Spiel geht es um die Erprobung des Tastsinns. Die Stoffe oder Teppichreste werden in gleich große Stücke (10 x 10 cm) ausgeschnitten und auf entsprechende Pappkarten geklebt.
Dabei sollten immer zwei Karten der gleichen Art angefertigt werden.
Mit verbundenen Augen müssen die Kinder nun „erfühlen", welche der Karten zusammengehören. Gar nicht so einfach, oder?

Material:
verschiedene Stoffe oder Teppichreste, Karton, Klebstoff, Schere

Angelspiel

Für das Angelspiel wird von einem Pappkarton der Deckel abgetrennt. Die vier Spielwände können mit Meeresmotiven bemalt werden. Die Fische entweder aus Karton ausschneiden oder aus Papier falten. Jeden Fisch mit einer Büroklammer versehen. Die Holzstäbe dienen als Angel, sie werden mit einem langen Bindfaden umwickelt, an dessen unteres Ende der Magnet gehängt wird. Die Angelei kann beginnen! Wer findet wohl die dicksten Fische?

Material:
Pappkarton, Pappe oder Papier, Büroklammern, Holzstäbe, Magnete, Bindfaden

Bilderlotto

Passend zu den Pappkarten werden 18 Legekarten aus Pappe (6,5 cm) ausgeschnitten und mit verschiedenen Bildern

Material:
Pappkarton (24x18 cm), Pappe, Kataloge, Schere, Klebstoff, Lineal

beklebt. Dabei sollten immer sechs Karten aus dem gleichen Bereich sein, z. B. Obst, Tiere, Kleider. Gespielt wird nach den Lottoregeln.

Tastbild

Material:
verschiedenste Materialien aus dem Alltag, Karton, Klebstoff.

Auf Karton kleben wir alle erdenklichen Materialien wie Knöpfe, Büroklammern, Radiergummi, Streichhölzer, ein Stück Schwamm, Kreide, was uns gerade paßt. Am besten fertigen immer drei, vier Kinder ein solches Stück an. Die Gegenstände müssen „erhaben" sein, also gut zum Ertasten geeignet. Mit verbundenen Augen tasten die Kinder nun die Bilder ab, und zwar die der anderen Gruppen, bei deren Werken noch Überraschungen zu erleben sind. Sind alle durch, dann setzen wir uns zusammen und erzählen einander, was wir alles gefühlt haben.

Fühlboden

Material:
alte Teppichfliesen oder auch Kartonstücke, „Bodenbeläge" wie Herbstblätter, Sand, Steine, Fell, Holz, Reste von Teppichboden

Auf die Fliesen oder Kartonstücke werden die verschiedenen Beläge geklebt, immer ein Belag pro Stück. Die Stücke werden hintereinander auf den Boden gelegt. Ist alles fertig, werden der Hälfte der Gruppe die Augen verbunden. „Sehende" Kinder nehmen nun jeweils ein „blindes" Kind bei der Hand und geleiten es über die „Fühlstrecke". Aber: Vorher ziehen die „blinden" Kinder Schuhe und Strümpfe aus. Sie erzählen danach, was sie unter den Fußsohlen gefühlt haben. Danach werden den anderen Kindern die Augen verbunden, die Reihenfolge der Stücke wird verändert – und es geht von vorne los.

Murmelbahn

Mit einem Farbstift wird die Rollstrecke auf der Palette vorge-
zeichnet. Die Murmel muß vom Startpunkt über die Vertiefungen zum Ziel jongliert werden. Dabei sollte sie möglichst
nicht von der Strecke abkommen. Das gelingt am besten, indem die Palette in den Händen hin- und herbewegt wird.
Dann rollt die Murmel von einer Vertiefung zur nächsten -
hoffentlich in die richtige Richtung!

Material:
**Eierkarton-
Paletten, Murmeln,
Farbstifte**

Hindernislauf mit Autoreifen

Autoreifen gibt es wie Sand am Meer. Keiner weiß so richtig,
wohin damit. Natürlich können auch wir nicht Tausende und
Abertausende von Gummireifen gebrauchen. Aber einige davon wären schon ganz schön zum Spielen. Am besten wären
Schläuche, weil die weicher sind als die Reifen.
Im Freien können wir uns aus den Reifen Burgen bauen, können versuchen, sie laufen zu lassen, uns in ihnen verstecken.
Wenn wir aber alle zusammen spielen wollen, dann ließe
sich ein Hindernislauf veranstalten. Reifen lassen sich auf den
Boden legen, stapeln, aufrecht hinstellen (zwei schräg gegeneinander lehnen oder mit in den Boden gerammten Stöcken
stützen) oder einfach zu einem wirren Haufen zusammenle
gen. Wir denken uns zusammen eine nicht zu schwere Hin-
dernisstrecke aus und legen diese dann auch gemeinsam an.
Jedes Kind kann helfen; sind die Reifen zu schwer, werden
sie eben von mehreren getragen. Dann wird gestartet. Entweder wir haben zwei genau gleiche Strecken angelegt. Dann
können immer zwei Kinder starten. Die langsameren schei-
den aus, die schnellen treten wieder gegeneinander an, bis
zum Schluß Sieger oder Siegerin ermittelt sind. Oder wir teilen die Gruppe in zwei Mannschaften. Haben wir nur eine
Strecke bebaut, dann kann nach Zeit gespielt werden.

Wir können aber auch gemeinsam spielen, ohne Sieger. Vier Kinder stützen, je zwei auf einer Seite, einen Reifen; ein fünftes Kind sitzt darauf. Nun wird der Reifen ganz langsam nach vorne gerollt. Dabei muß unser Reiter oder die Reitersfrau immer ein wenig nach hinten rutschen. Das macht zusammen Spaß. Das Reiten kann auch im Reifen geschehen . . .

Flaschenraten

Mit Kindern ab **5** Jahren

Ein Kind bekommt die Augen verbunden. Fünf unterschiedlich mit Wasser gefüllte Flaschen werden nebeneinander aufgestellt.
Ein zweites Kind schlägt nun mit einer Gabel nacheinander gegen die Glasflaschen. Mit Hilfe der jeweils erzeugten Töne können folgende Antworten „erhört" werden:
● Welches ist die kleinste oder die größte Flasche?
● Welche Flasche enthält am meisten Wasser, welche am wenigsten?
● Kann die Form der Flasche (bauchig, schlank etc.) erhört werden?
Bei jedem neuen Durchgang wird die Reihenfolge der Glasflaschen verändert und das nächste Kind darf raten.

Mit Kindern ab **5** Jahren

2. Variante: Hörkim

Ein Kind steht mit verbundenen Augen in der Mitte des Raumes. Ein zweites plaziert sich mit Flasche und Gabel irgendwo im Zimmer und schlägt einen Ton an. Das erste Kind muß nun raten, aus welcher Richtung der Ton kam, es zeigt mit dem Finger dorthin. Stimmt die angegebene Richtung, kommt das nächste Kind an die Reihe.

Knöpfereien

Es hat sich schon herumgesprochen, daß man mit Knöpfen herrlich spielen kann.

Zuerst müssen wir natürlich alle auf die Jagd nach Knöpfen schicken. In Mutters Knopfschachtel und Omas Nähkästchen finden wir die ersten bunten Schätze. Auch auf Flohmärkten oder an ausgedienter Kleidung lassen sich Knöpfe erbeuten. Nur eines ist nicht gestattet: zuhause an allen Blusen, Hemden und Hosen die Knöpfe abzuschneiden! Unsere Sammlung sollte so bunt und vielfältig wie nur eben möglich sein; zur Not können ja noch ein paar besondere Prachtstücke gekauft werden. Den ersten Spielspaß haben wir beim Ordnen. Da kann es nach Farben gehen, nach Größen, nach Material und sogar nach der Anzahl der Knopflöcher . . .

Ein ganzes Buch gibt es darüber: Hajo Bücken, „Knopfspiele", Verlag Hugendubel, München 1986.

Ein Knopfbild besteht aus einem Haufen weißer Knöpfe, zwischen die wir farbige so anordnen, daß sich ein Bild ergibt. Wenn uns etwas nicht paßt oder nicht gerade so toll geworden ist, läßt sich das schnell wieder ändern: Einfach ein paar Knöpfe vertauschen, und schon sieht alles anders aus! Ist uns eines der Gemeinschaftswerke besonders gut gelungen, können wir die Knöpfe auf eine Pappe kleben und als Bild an die Wand hängen.

Wir können auch versuchen, aus Knöpfen auf dem Tisch ganz vorsichtig einen hohen Turm zu bauen. Fällt er um, versuchen wir es noch einmal. Oder wir legen neun Knöpfe wie Kegel angeordnet ans Ende des Tisches. Von der anderen Seite aus schnipsen wir Knöpfe dagegen. Wer einen Knopf von Tisch schnipst, darf ihn behalten.

Mit Kindern ab **5** Jahren

Es können auch Knöpfe im Raum versteckt werden und wir müssen nach ihnen suchen. Oder wir zählen aus, wieviel Knöpfe sich an der Kleidung von Jan, Anna oder Meike befinden. Oder wir legen fünf Knöpfe in die Mitte. Die muß man sich merken, dann werden sie verdeckt. Können wir sie beschreiben? Oder wir legen ein ganzes Dutzend Knöpfe hin, dann müssen alle die Augen schließen und ein Knopf wird weggenommen. Wer weiß, welcher Knopf fehlt?

Wenn es soweit ist, können wir sicher schon eigene Spiele mit Knöpfen erfinden. Die werden dann den Eltern vorgeführt!

Aus Löffelstiel und Topf wird der Klingelknopf

Pappkartons, Holzkisten und Autoreifen lassen sich hervorragend für größere Bauten und Spielgeräte verwenden. Bei der Beschaffung und dem Transport der etwas sperrigen Teile wird die Mithilfe der Eltern unbedingt benötigt. Ohne den unermüdlichen Einsatz einer Mutter oder eines Vaters, die sämtliche Schuhgeschäfte der Stadt abklappern, um die passenden Kartons aufzutreiben, läßt sich die Idee eines Schach-

Mit Kindern ab **5**Jahren

telhauses wohl nicht so schnell in die Tat umsetzen. Wenn Ihre Kinder sich beschweren, daß sie nicht ungestört spielen können, ist der Bau eines Schachtelhauses vielleicht die Lösung des Problems. Die Kuschelecke in unserem Kinderzimmer war bisher jederzeit frei zugänglich und die zwecks Abschirmung übereinander gestapelten Matratzen stürzten ständig wieder ein. Der Einfall, ein solides Schachtelhaus aus Schuhkartons zu bauen, fand bei den Kindern großen Anklang. Zum einen waren sie dann endlich vor neugierigen Blicken geschützt und zum anderen wurde auf diese Weise die ständige Einsturzgefahr gebannt. Das Schachtelhaus hatte darüber hinaus den Vorteil, daß es bei einer späteren Veränderung der Raumeinrichtung problemlos abgerissen werden konnte.

Für die **ganze** Familie

Die verwendeten Schachteln sollten möglichst stabil und gleich groß sein. Eventuell entstehende Lücken können mit Pappmaché ausgefüllt werden. Die Schachteln werden versetzt übereinander geklebt. Dabei sollte vorher gemeinsam überlegt werden, wo der Eingang sein wird und ob kleine Fenster eingebaut werden. Um auf eine aufwendige Dachkonstruktion zu verzichten, wurden einfach zwei alte Bettlaken aneinander genäht und mit Batikfarbe blau gefärbt. Das Stoffdach läßt sich mit einer Holzleiste oder Gardinenstange an der Wand befestigen. Durch den entstehenden Zwischenraum fällt zusätzlich Licht ins Haus, so daß es sich nicht nur für Kuschelspiele, sondern auch zum ungestörten „Bilderbuch angucken" eignet. Wenn das Schachtelhaus erst einmal steht, bieten sich zur weiteren Verschönerung noch genügend Möglichkeiten. Die Wände lassen sich mit Fingerfarben bemalen oder mit bunten Bildern bekleben. Eingang und Fenster können mit Vorhängen aus bunten Stoffstreifen verziert werden.

Wir bauen uns ein Sperrmüllhaus

Refr.: Wir bau-en uns ein Sperr-müll-haus und
ma - chen uns ein Lied da - raus!
1) Mit Kar-tons, da baun wir zu-erst den Zaun.
Mit Kar-tons, da baun wir zu-erst den Zaun. Refr.

Jede Strophe wird wiederholt.

2 Ein Regal davor wird das Gartentor.

3 Für die Treppe rauf stelln wir Kisten auf.

4 Danach malen wir eine Kreidetür.

5 Löffelstiel und Topf wird der Klingelknopf.

6 Und das Zimmer wird ganz modern möbiliert.

7 Einen Schrank, wo man prima durchgehn kann.

8 Einen ganz stabul dreibeinigen Stuhl.

9 Ein halsbrecherisch wackeliger Tisch.

10 Durch den Fernseh-Rahm macht uns Fritz Programm.

11 Und die Couch muß ein Trampolin jetzt sein.

2 Damit ist ganz toll unsere Haus nun voll.

13 Und noch schöner ist es nirgendwo.

Text: P. Lach / Musik: F. Taorrnina aus:
KINDERLIEDER UNSERER ZEIT Bartos-Höppner/Bondy (Hg.)
© 1978 by Arena-Verlag Georg Popp, Würzburg

Von Schachtelhausen, Zirkusmanegen und Turngeräten

Im freien Gelände läßt sich natürlich viel großzügiger und abwechslungsreicher bauen als im Kinderzimmer. Auf dem Hinterhof eines Supermarktes waren wir fündig geworden: große Pappkartons, Faltschachteln und Styroporteile wurden uns gern überlassen. Mit Hilfe einiger Holzbretter und Wolldecken wurden die unbrauchbaren Verpackungsmaterialien von den Kindern mit viel Phantasie umfunktioniert. Entsprechend der sich entwickelnden Spielsituation bekamen die einzelnen Bauelemente unterschiedliche Aufgaben. Die Kinder planten ihre eigene Stadt und bauten Häuser, Schule und Bäckerei. Oder die gesamte Szenerie wurde plötzlich in eine Zirkusmanege verwandelt, in der wilde Löwen ihre Kunststücke auf einer Holzkiste vorführten. Schachteln und Kartons ließen sich immer wieder neu kombinieren. Sogar eine Turnstunde konnte draußen stattfinden. Für einen abwechslungsreichen Bewegungsparcours waren die riesigen Verpackungsma-

terialien bestens geeignet. Da wurde auf allen vieren durch Pappkartons gekrochen oder über Holzlatten balanciert. Faltschachteln, Kisten und Kartons finden auch in der Theater- und Puppenspielarbeit eine vielseitige Verwendung. Große Kartons können dabei als veränderbare Kulisse dienen. Ihre Flächen werden mit verschiedenen Motiven bemalt. Je nach Spielszene können die Kartons wie bei einem Würfelpuzzle gedreht werden. Auf diese Weise läßt sich das Bühnenbild in kürzester Zeit verändern. Darüber hinaus läßt sich mit verschiedenen Pappkartons schnell eine Bühne für Puppenspielaufführungen improvisieren. Wer genügend Platz hat, um die vielseitigen Bauelemente über einen längeren Zeitraum im Keller oder in der Garage zu lagern, kann mit den Kindern überlegen, wie sich die einzelnen Spielmaterialien verschönern lassen. Mit gut deckenden Farben und bunten Stoffen sind der weiteren Ausgestaltung keine Grenzen gesetzt.

Die Feste feiern, wie sie „abfallen"

Des Kaisers alte Kleider

Eine bunt zusammengewürfelte Altkleiderkiste bietet zahlreiche Möglichkeiten für Verwandlungsspiele. Bereits geflickte Unterröcke gesellen sich dort zu großkarierten Krawatten, und ausgetretene Schuhe finden sich neben wild gemusterten Hemden. Kinder verkleiden sich für ihr Leben gern. Sie stören sich noch nicht an Begriffe wie „geschmacklos" oder „unmodern". Hauptsache bunt, schrill und ausgefallen!!

Warum nicht mal einen Kindergeburtstag als fetziges Lumpenfest feiern? Dabei können sich alle Gäste ohne großen Aufwand verkleiden. Es braucht dafür keine wirkungsvoll geschneiderten Kostüme aus glänzenden Stoffen. Opas alter Sonntagsanzug läßt sich oft viel spannender kombinieren als jede andere, perfekt abgestimmte Verkleidung.

Einladungen können mit entsprechender Aufforderung versehen werden:

„Alle Teilnehmer und Teilnehmerinnen des großen Lumpenballes werden gebeten, in Begleitung eines selbstgebastelten Musikinstrumentes zu erscheinen. Einzige Bedingung: Das angefertigte Instrument darf nur aus Materialien bestehen, die sonst im Abfall gelandet wären."

Schließlich wird für die Tänze um das Lagerfeuer noch die passende musikalische Begleitung benötigt.

Der Flugtag

Abfallmaterialien lassen sich beim Bau verschiedenster Flugobjekte einsetzen. Papierflieger gleiten neben Drachen aus Plastiktüten dahin, Alu-Windspiele flattern neben Fallschirmen aus Stoffresten.

Ein windiger, sonniger Tag ist für dieses Fest am besten geeignet. Neben Saft und Kuchen gibt's kleine Wettflüge und Geschicklichkeitsspiele.

Die Space-Party

Der Wahnsinn von überflüssiger Müllproduktion begegnete uns auch in den Küchen vieler Kindergärten und Ganztagsschulen. Der überwiegende Teil der Nahrungsmittel wird hier täglich von einer Großküche angeliefert. Aufwendig verpackt in Aluminium oder Kunststoff wird das Essen angeliefert. Jeden Tag wird auf diese Weise ein neuer Müllberg produziert, denn die vielen kleinen Schachteln sind nur für die einmalige Verwendung bestimmt.

Daß das nicht so bleiben muß, bewiesen die Kinder einer Nachbarsfamilie. Sie traten mit den Hauswirtschafterinnen ihrer Schule in Verhandlung. Die begehrten Aluschachteln wurden daraufhin gesammelt. Bei den Kindern fand dieser eigentliche Küchenabfall rege Verwendung. Sie gebrauchten ihn für Klebebilder, Raumschmuck und Masken. Durch den metallischen Glanz des Aluminiums verwandelte sich das Klassenzimmer langsam aber sicher in eine Weltraumstation. Auf dem fremden Planeten erschienen immer mehr leuchtende Sterne und funkelnde Silberstreifen. Diese futuristische Szenerie bot sich für ein Marsmännchen-Treffen geradezu an. Selbstverständlich durften die Marsmädchen auch daran teilnehmen.

Die Kinder bauten sich Masken aus Kartons, die sie mit Aluminiumresten beklebten. Die über alle Maßen wichtigen Funkantennen durften daran natürlich nicht fehlen. Zum Abschluß kamen noch mehrere Blechdosen-Girlanden unter die Decke und reichlich selbst gelochtes Alu-Konfetti auf den Boden, fertig war das phantastische Weltraumszenario! Die Reise zum fremden Planeten wurde mit Marsmenschen-Tänzen und Roboter-Spielen gefeiert.

Zur Stärkung wurde dann auch der passende Festschmaus serviert: Raketentrunk und Sternenkekse. Der galaktische Raumschmuck blieb dem Klassenzimmer noch lange Zeit nach dem Fest erhalten.

Irgendwann, als die Kinder ihren Raum neu gestalten wollten, wurde der Alu-Schmuck von Decke und Wänden genommen. Inzwischen war einiges davon kaputtgegangen und es konnte nicht weiter verwendet werden. Die Kinder sammelten die Alu-Reste und brachten sie zum Recyclinghof.

Der Maskenball

Aus Pappmaché lassen sich vielgestaltige Masken anfertigen. Grundgerüst bildet hierbei ein aufgeblasener Luftballon.

Doch auch größere Kartons werden mit buntem Papier, Stoffresten und Farben in Tiergesichter oder Märchengestalten verwandelt.

Ein kleines Theaterstück, von den Kindern unter Verwendung der Masken ausgedacht und geprobt, kann der Auftakt zu einem stürmischen Maskenball sein.

Vier Möglichkeiten wurden hier beschrieben, die zeigen, wie sich mit den einfachsten Mitteln tolle Feste feiern lassen. Feste, die viel Platz für eigene Gestaltung und Kreativität bieten. Es ist schon erstaunlich, was sich aus Hausmüll noch so alles machen läßt, aber daß mit ihm gefeiert wird, ist bisher wohl selten vorgekommen. Dabei finden die unterschiedlichen Materialien geradezu für jede Art von Festkulissen ihre Verwendung.

Wie wäre es denn mit einem Stammesfest der Indianer?

Kleine Wigwams aus Holz und Stoffresten, dazu bunte Trommeln aus runden Waschmittelbehältern und lautes Indianergeheul - wenige Zutaten, die ausreichen, um ein stimmungsgeladenes Fest im Freien zu veranstalten. Wer erst einmal angefangen hat, bei der Gestaltung einer Kinderfeier auch die Wiederverwertung von eigentlich unbrauchbaren Materialien mit einzubeziehen, kann seiner Phantasie freien Lauf lassen. Es müssen nicht immer die teuren Partygirlanden oder Luftschlangen sein. Ein Lampionfest läßt sich genauso gut mit selbstgebastelten Laternen aus Pappmache oder Kürbisköpfen feiern.

Oft haben Kinder selbst vielfältige Ideen zur Festgestaltung. Leider werden sie viel zu selten aufgeriffen, geschweige denn in die Tat umgesetzt. Dabei beschäftigen sich die Kinder während einer Feier nicht unaufhörlich mit dem Herunterreißen von kunstvoll drapierten Luftballons, wenn sie selbst an der Vorbereitung und Gestaltung teilgenommen haben. Sie würden es viel zu schade finden, wenn ihr mühevoll angefertigter Festschmuck in so kurzer Zeit seine Wirkung verlöre.

Das Lied vom Müll

Was wird aus uns-rem Au-to, ist
es nicht mehr mo-bil? Dann wird aus uns-rem
Au-to-chen Müll! Müll! Müll!

2 Was wird aus einem Kleide, wenn's nicht mehr passen will? Dann wird aus einem Sonntagskleid Müll ! Müll ! Müll !

3 Was wird aus einem Glase, zerbrach einmal sein Stil? Dann wird aus einem feinen Glas Müll ! Müll ! Müll !

4 Was wird aus alten Stiefeln, wenn's warm wird im April? Dann wird aus einem Stiefelpaar Müll ! Müll ! Müll !

5 Und geht das stets so weiter, so ohne Sinn und Ziel, dann wird vielleicht der Erdenball Müll ! Müll ! Müll !

Text: J. Krüss / Musik: Chr. Bruhn aus: KINDERLIEDER UNSERER ZEIT Bartos-Höppner/Bondy (Hg.) © 1978 by Arena-Verlag Georg Popp, Würzburg

Müll und Natur

Ökologie für Kleine und Große:
Kinder erforschen Naturkreisläufe
und betrachten die wachsende
Umweltverschmutzung.

Wie aus Abfall Erde wird

Was wird aus dem Apfel, der reif vom Baum fällt? Wo bleibt das bunte Laub, das im Herbst die Wiese bedeckt?

Die heutige Welt der Kinder läßt diese Fragen unbeantwortet. Besonders in der Stadt ist es für sie so gut wie unmöglich geworden, Natur zu entdecken und ihren Lauf zu verfolgen. Damit Kinder lernen, ihre Umwelt schonend zu behandeln, müssen sie allerdings um ihre natürlichen Zusammenhänge wissen. Doch gerade in der Stadt ist dies leichter gesagt als getan. Wo bietet sich hier schon die Möglichkeit, über längere Zeit zu beobachten, was im Boden alles „kreucht und fleucht"? So ist es denn auch erst einmal mit Schwierigkeiten verbunden, wenn man überlegt, wie sich der Verrottungsprozeß in der Erde anschaulich vermitteln läßt. Wie lassen sich diese abstrakten Vorgänge kindgerecht erklären? Wurmkiste, Komposthaufen und Naturexperimente: die Erlebnisse mit Pflanzen und Tieren wecken die kindliche Neugier nach mehr Informationen über die Umwelt. Die direkte sinnliche und affektive Erfahrung sollte dabei im Vordergrund stehen, gerade weil sie heutzutage immer mehr verlorengeht.

Ökologie zum Anfassen hilft Kindern, die Geheimnisse des natürlichen Gleichgewichts zu verstehen

Das Abfallexperiment

Bei diesem Versuch lernen Kinder, zwischen organischen und anorganischen Abfallmaterialien zu unterscheiden.

Gemeinsam wird im Garten ein Platz gesucht, wo Löcher gegraben werden dürfen. Dann werden mit der Schaufel nebeneinander fünf Löcher gebuddelt. In das erste Loch kommt das Obst, in das zweite das Stück Plastiktüte, in das dritte geknülltes Zeitungspapier. Das vierte Loch bekommt die verwelkte Blume und das letzte die Getränkedose. Die Löcher werden wieder zugeschaufelt und mit den bemalten Pappschildern entsprechend kenntlich gemacht.
Nach drei bis vier Wochen Wartezeit kann nachgebuddelt werden. Was finden die Kinder wieder? Wie haben sich die einzelnen Gegenstände verändert? Warum verschwinden einige Abfälle scheinbar von alleine, andere jedoch nicht?

Material:
Schaufel, fünf kleine Pappschilder, wasserlöslicher Stift, ein Stück Plastiktüte, Zeitungspapier, verwelkte Blumen, ein Stück Obst, eine Getränkedose

Rotte und Fäulnis

Um die Umsetzungsprozesse im Boden, auf dem Kompost oder auch in der Mülldeponie besser zu verstehen, läßt sich folgendes Experiment mit den Kindern durchführen:

Da bei diesem Versuch Geruchsbelästigung entstehen kann, sollte er an einem trockenen Platz im Freien stattfinden.
Die Abfallreste werden zu gleichen Teilen in die Schale und in das Einmachglas gefüllt. In beide Behälter wird nun etwas Wasser gegeben, um die Abfälle anzufeuchten. Das Material sollte jedoch nicht schwimmen! Anschließend wird das Einmachglas luftdicht verschlossen.
Die einsetzenden Veränderungen lassen sich über zwei Wochen beobachten. Wie haben sich Konsistenz und Farbe der

Material:
Einmachglas mit Deckel, Gummiring, flache Schale, etwas Wasser, kleinere Abfälle wie Brotreste, Papier, Plastikfolie, Obst und Holzstückchen

Abfälle jeweils verändert? Welche Unterschiede sind zwischen den Inhalten in Einmachglas und Tonschale zu verzeichnen? Woran liegt das? Welche Rolle spielt Sauerstoff in Umsetzungsprozessen?

Die Schüttelbox

Material:
Kaffeedose mit Deckel, Dosenöffner, Apfelsinennetz, Gummiring, Schere

Um kleine Tiere im Boden untersuchen zu können, ist die Schüttelbox genau das richtige Forschungsgerät. Sie kann von den Kindern ganz einfach selbst gebaut werden.
Der Boden der Kaffeedose wird mit dem Öffner herausgeschnitten.
Als nächstes das Apfelsinennetz zuschneiden und über die Öffnung spannen. Mit dem Gummiring befestigen. Schon fertig!

Im Boden kreucht's

Material:
Lupe, pro Kind eine Schüttelbox, kleine Schaufel, Behälter, großes Stück Tapete, Papier, Stifte evtl. Bestimmungsbuch

Auf geht's in den Garten oder einen nahegelegenen Park. Dort angekommen, werden dem Boden aus 10 cm Tiefe einige Schaufeln Erde entnommen. Der Boden darf nicht zu feucht sein. Die Erde wandert erst einmal in den Behälter und wird anschließend auf die Schüttelboxen verteilt.
Nun können die Kinder ihre Bodenproben auf die ausgerollte Tapete schütteln. Was ist dort alles zu sehen? Mit Hilfe der Lupe werden die Proben auf Tiere und Pflanzenreste hin abgesucht. Die Funde können schriftlich festgehalten oder aufgemalt werden. Ein Bestimmungsbuch liefert weitere Informationen.
Sind die Untersuchungen beendet, wird die Erde wieder in die Entnahmestellen zurückgefüllt. Dabei ist darauf zu achten, daß die Tiere nicht zu Schaden kommen.

Bei einer ausgedehnteren Untersuchung können auch Bodenproben von verschiedenen Stellen (z.B. Wiesenrand, Wald, Acker) entnommen und auf ihre Zusammensetzung hin verglichen werden.

Der Wurm in der Kiste

Wer die Arbeitsweise von Regenwürmern mit den Kindern genauer beobachten möchte und keinen Platz für einen großen Komposthaufen hat, sollte es mit dem Bau einer Regenwurmkiste versuchen.
Dabei wird zuerst ein geschützter Ort ausfindig gemacht, an dem sich die Regenwürmer richtig wohlfühlen können. Bei uns wurde die Kiste auf einem alten Tisch unter dem Vordach des Hauses plaziert. Zwei Backsteine unter der Kiste sorgen dafür, daß überschüssige Flüssigkeit ablaufen kann. Nachdem ausreichend Löcher in den Boden gebohrt worden sind, können die Kinder sie Schicht für Schicht füllen.
Als Wurmfutter verwendeten wir Kartoffelschalen, Teereste und Gemüseabfälle aus der Küche sowie Laub aus dem Garten und Papierabfälle. Zum Leidwesen der Kinder muß die fertig gefüllte Kiste mit einer möglichst dunklen Folie abgedeckt werden. Schließlich brauchen Regenwürmer ausreichend Dunkelheit und Feuchtigkeit, um richtig arbeiten zu können. In regelmäßigen Abständen können die Würmer jedoch besichtigt werden. Wie lange wird es nun dauern, bis sich die gesammelten Abfälle mit Hilfe der Regenwürmer in nährstoffreiche Erde umgewandelt haben?

Bau einer Wurmkiste

Folgende Faktoren sind bei dem Aufbau einer Wurmkiste zu beachten:

◆ Das Einschleppen von unerwünschten Tieren läßt sich vermeiden, indem die verwendete Erde vor dem Einfüllen 20 Minuten lang im Backofen bei 200° C erhitzt wird.

◆ Die Abdeckfolie muß ebenfalls mit einigen Löchern versehen werden, damit eine ausreichende Belüftung gewährleistet ist.

◆ Es empfiehlt sich, die Wurmzucht im Frühling anzulegen, da die Kiste bei Frostgefahr nicht mehr im Freien stehen darf.

◆ Für ein Vorhaben dieser Art reichen ungefähr 500 Kompostwürmer der Gattung »Eisenia foetida", die von entsprechenden Züchtern angeboten werden (Bezugsquellen und Literatur im Anhang).

◆ Andere Behälter wie Wannen, Tonnen, Schachteln und Gläser sind ebenfalls für die Regenwurmzucht geeignet. Für ausreichende Belüftung, Feuchtigkeit und Dunkelheit muß allerdings gesorgt sein.

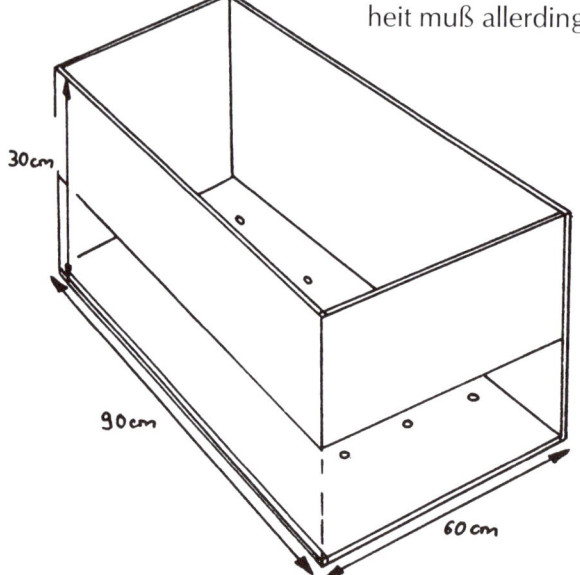

Material:
4 Bretter,
90cm x 15 cm,
4 Bretter,
60 cm x 15 cm,
jeweils 15 mm
dick,
Nägel

Der Wurm und die Folgen

In den nächsten Monaten können die Kinder genauestens verfolgen, wie die Abfälle zunehmend unkenntlicher werden. Dabei ist es äußerst spannend, die Regenwürmer bei ihrer Arbeit zu beobachten. Nach einigen Wochen waren fast sämtliche Abfälle zu fruchtbarer Wurmerde geworden. Nun kann die „Ernte" beginnen. Mit eifrigen Händen durchwühlten die Kinder die Erde, um die restlichen Würmer herauszusuchen. Den größten Teil hatten wir schon vorher mit „frischer Nahrung" angelockt.
Die gewonnene Erde läßt sich fein sieben und zur Düngung auf sämtliche Topfpflanzen im Haus verteilten. Viele Kinder aus anderen Familien hatte die Regenwurmkiste ebenfalls neugierig gemacht. Es fanden sich bald Nachahmer.
Lesetip: „Der Regenwurm im Garten" von Walter Buch, Ulmer GmbH, Stuttgart 1986

Die Regenwurmstation

Wem der Bau einer Regenwurmkiste zu aufwendig erscheint, kann die Tiere auch hinter Glas beobachten.
Dafür wird ein großes Einmachglas mit verschieden zusammengesetzten Erdschichten gefüllt. Die oberste Schicht bilden Obstabfälle, Blätter und etwas Gras. Da Regenwürmer kein Licht vertragen können, wird eine Röhre aus schwarzer Tonpappe, die dicht um das Glas paßt – aber abnehmbar ist –, angefertigt. Dann werden einige gesammelte Regenwürmer hineingegeben und die Beobachtungen können losgehen. Bitte nicht vergessen, die Regenwürmer später wieder nach draußen zu bringen. Ein schattiges feuchtes Plätzchen freut sie am meisten.

Material:
großes Einmachglas, verschiedene Erde, schwarze Tonpappe, Klebeband, Schere, einige organische Abfälle

Das Regenwurmspiel

Der Regenwurm lebt unter der Erde und gräbt sich viele Gänge. Nun hat er sich leider verirrt und findet den Ausgang aus seinem Bodenlabyrinth nicht mehr wieder.

Ein Kind bekommt die Augen verbunden. Kinder und Erwachsene fassen sich an den Händen und bilden einen Kreis. Zwei Mitspieler heben die Arme und bilden ein Tor. Das ist der Ausgang, den der Regenwurm wiederfinden muß. Der blinde Regenwurm, der in der Mitte des Kreises steht, wird einige Male gedreht, denn schließlich hat er ja die Orientierung verloren. Nun kann es losgehen. Wird der Regenwurm den richtigen Ausgang finden? Am Ende der Runde wird gewechselt und eine andere Person spielt das verwirrte Bodentier.

Ein Spiel für die **ganze** Familie

Eine Reise in den Erdboden

Wenn du Laub, Zweige und welkes Gras beiseite schiebst und anfängst, im Boden zu graben, wirst du schnell feststellen, daß es dort viel lebendiger zugeht, als du vorher gedacht hast. Ist die Erde gesund, so wimmelt es dort nur so vor Ameisen, Asseln und Regenwürmern. Sie arbeiten alle zusammen, um abgestorbene Pflanzen in krümelige Erde zu verwandeln. Der Regenwurm ist ein besonders fleißiger Erdarbeiter. Er mag es am liebsten feucht und dunkel, deshalb bekommen wir ihn selten zu sehen. Nur wenn der Regen auf die Erde prasselt, kommt der Regenwurm an die Oberfläche. Ansonsten bohrt er sich mit viel Kraft durch den Boden und zieht dabei Laub und Gras herunter. Durch die vielen Gänge des Regenwurms wird die Erde gelockert.

Das tut den Pflanzen sehr gut, weil Luft und Wasser auf diese Weise besser an ihre Wurzeln gelangen.

Wenn der Regenwurm durch den Boden kriecht, frißt er dabei Erde und verrottete Pflanzen. Die Kothäufchen, die er an der Erdoberfläche ausscheidet, sind Nahrung für die Pflanzen. Sie enthalten viele wertvolle Stoffe, die Blumen, Bäume und Sträucher zum Wachsen unbedingt brauchen. Regenwürmer legen viele winzige Eier in den Boden, aus denen nach drei bis vier Wochen kleine Würmer herausschlüpfen. Natürlich muß der Regenwurm aufpassen, daß er nicht gefressen wird. Maulwürfe, Igel und Vögel mögen ihn besonders gern. Leider gibt es heute immer weniger Regenwürmer, weil viele Bauern und Gärtner Gift auf die Erde sprühen. Doch glücklicherweise haben inzwi-

Zum Vorlesen. Für Kinder ab 4 Jahren.

schen einige Menschen erkannt, daß Regenwürmer den Boden gesund halten und Pflanzen ernähren. Sie legen Komposthaufen an und schützen die Erde, damit die Würmer ungestört wühlen können.

Weitere Literatur

...für Eltern, die sich ausführlicher mit der Abfallthematik beschäftigen möchten, werden im folgenden einige empfehlenswerte Bücher genannt.

Sachbücher:

Brehm, Evamaria: Deponie Erde. Das große Buch vom Müll. Baden-Baden 1991

Institut für ökologisches Recycling (Hrsg.): Abfall vermeiden. Fischer Taschenbuch Verlag, Frankfurt/M. 1989

Mucke, Peter: Zum Beispiel Müll. Göttingen 1993

Natsch, Bruno: Gute Argumente. Abfall. München 1993

Veit, Barbara; Wolfrum, Christiane: Das Buch vom Müll. Göttingen 1993

Kinderbücher:

Elkington, John; Hailes Julia: Unsere Welt muß grün bleiben! Handbuch für junge Umweltschützer. München 1991

The Earthwork Group:
Kinder machen 50 starke
Sachen, damit die Umwelt
nicht umfällt.
Hamburg 1990

Pausewang, Gudrun:
Es ist doch alles grün -
Umweltgeschichten nicht
nur für Kinder
Ravensburg 1991

Nützliche Adressen:

BUND - Bund für Umwelt und
Naturschutz Deutschland
Im Rheingarten 7
53225 Bonn

Greenpeace
Vorsetzen 53
20459 Hamburg

Robin Wood
Langemarckstraße 210
28199 Bremen

WWF -- World Wide Fund of
Nature
Hedderichstraße 110
60596 Frankfurt/Main

Private Züchter von Kompost-würmern:

Theo Tacke
Borkener Str. 40
46325 Borken-Burlo

A. Drumm
Am Auerbach 9
76307 Karlsbad

Kleines Müllwörterbuch

Altlast: Vergiftetes Gelände von ehemaligen oder bestehenden Müllkippen und Deponien.

Biomüll: Sämtliche Abfälle, die in der Natur wieder verrotten, also biologisch abbaubar sind.

Chlorgas: Gilt als Weißmacher, mit seiner Hilfe wird beispielsweise Papier gebleicht. Die Chlorbleiche ist erheblich umweltbelastend, sie verschmutzt Meere, Flüsse und Seen.

Duales System: Das DSD (Duales System Deutschland) ist ein von der Industrie gegründetes Unternehmen zur Erfassung von Verpackungsabfällen.

Einweg: Ex und Hopp, also sämtliche Produkte, die nach einmaliger Benutzung weggeworfen werden.

FCKW: Fluorchlorkohlenwasserstoffe sind Gase, die für Kühlschränke, Schaumstoffe, Spraydosen und vieles mehr verwendet werden. Sie steigen in die Atmosphäre auf und zerstören die Ozonschicht.

Grüner Punkt: Kennzeichen des Dualen Systems, das sich ausschließlich auf Einwegverpackungen befindet, deren Verwertung nicht immer abge-

sichert ist. Der „Grüne Punkt" ist somit kein Umweltzeichen.

Hartschaum: Mit FCKW aufgeschäumter Kunststoff, der als Verpackungs- und Isoliermaterial eingesetzt wird. Sowohl in der Herstellung als auch in der Entsorgung sehr umweltbelastend!

Joghurtbecher: Werden überwiegend aus Polystyrol hergestellt, einem Kunststoff, der aus Erdöl gewonnen wird. In Sekunden produziert, in einer Minute geleert, wandern Joghurtbecher als Dauermüll ohne Verfallsdatum auf die Deponie.

Kompostierung: Eines der ältesten Verwertungsverfahren für organische Abfälle.

Mülldeponie: Lagerstätte für Hausmüll und andere Abfälle. Deponien sind mit anderen Entsorgungsarten nicht vergleichbar, weil ihre Schadstoffquelle, also die abgelagerten Abfälle selber, auf Dauer erhalten bleibt auch wenn der Deponiebetrieb eingestellt wird.

Müllverbrennung: Standardmethode der Abfallbehandlung. Neben den Emissionen von Dioxinen und Schwermetallen trägt vor allem auch die unbefriedigende Entsorgung von Restabfällen wie Filterstäuben, Salz und flüssigen Rückständen, zum negativen Image der Müllverbrennung bei.

Pfandsysteme: Vielfach verwendete Verpackungen, die vom Handel direkt zurückgenommen werden. Neben Konsumverzicht die beste Möglichkeit, um Verpackungsmüll zu vermeiden.

Quecksilber: Wird zum Beispiel bei der Produktion des Kunststoffes Polyvinylchlorid (PVC) freigesetzt. Quecksilber ist ein hochgiftiges und gefährliches Schwermetall, das Luft Boden und Gewässer verseuchen kann.

Recycling: Die Rückführung von Wertstoffen in den Produktionskreislauf.

Restabfall: Bleibt nach der Vermeidung, Kompostierung, Sortierung von Wertstoffen und deren Verwertung übrig (beim Hausmüll derzeit 40 %, beim Gewerbemüll 50 %).

Sickerwasser: Entsteht in der Deponie durch die Zersetzung feuchter und organischer Abfälle. Stellt durch seinen Schadstoffgehalt eine Gefährdung für das Grundwasser dar.

Sondermüll: Abfälle, die in besonderem Masse gesundheitsgefährdend und umweltbelastend sind.

Umweltschutzorganisationen: Kämpfen gegen wachsende Müllberge und zunehmende Umweltverschmutzung. Besonders bekannt: WWF, Greenpeace, Robin Wood und BUND.

Verbund: Verpackungen, die aus mehreren, untrennbar miteinander verbundenen Materialien bestehen und somit nicht verwertet werden können.

Verklappung: Entsorgung von Abfallstoffen auf See. Die Verklappung von Dünnsäure auf der Nordsee löste in den letzten Jahren zahlreiche Proteste aus.

Wertstoffe: Abfälle, die noch verwertbar sind, wie Altpapier, Altglas, Altmetalle.

IDEEN FÜR ELTERN – DIE NEUE RATGEBER-REIHE

Achim Schenk

Bewegung macht Spaß

Spielerisch die Motorik unterstützen

Immer wieder stellen Eltern fest, daß ihr Kind bewegungsfaul ist oder daß es seine Bewegungen nicht optimal koordinieren kann. Sie sorgen sich um die Entwicklung ihres Sprößlings. Hier kommt der Band „Bewegung macht Spaß" recht. Er bietet nicht nur eine Fülle von Ideen und Spielen an, den Eltern werden Auffälligkeiten leicht verständlich erklärt - und damit Ängste genommen.

96 Seiten mit zahlreichen Abbildungen
DM 24,80
ISBN 3-7664-9317-5

Gisela und Elmar Esser

Gesund und fit

Familie und Gesundheit

Gesundheit ist eines der wichtigsten gesellschaftlichen Themen. Die Anzahl der sogenannten Zivilisationskrankheiten steigt. Diese sind vielfach auf ungesunde und fehlerhafte Lebensführung zurückzuführen.
Aus der eigenen Praxis in der Familie und mit viel Fachwissen haben die Autoren, vieles zusammengetragen, das für eine gesunde Lebensführung unentbehrlich ist.

96 Seiten mit zahlreichen Abbildungen
DM 24,80
ISBN 3-7664-9302-7

Maja Hasenbeck

Mit Kind und Kegel

In die Ferien fahren

Was gibt es Schöneres als die Ferien? Zumindest für die Kinder; für die Eltern bedeuten Ferien auch Streß. An was da alles gedacht werden muß, wieviel Planung und Vorbereitung das erfordert. Wo soll es hingehen? Was muß mitgenommen werden? Was kann am Ferienort unternommen werden? Die Autorin schöpft aus reicher Erfahrung. Sie ist reiseerfahren mit und ohne Kinder.

Regina Grabbet

Geschenke selber machen

Kinder basteln kreativ

Wie oft geht es bei Kindern doch um Geschenke! Natürlich warten die lieben Kleinen bei jeder Gelegenheit darauf, etwas geschenkt zu bekommen. Doch sie schenken auch gerne selbst - und freuen sich riesig über die Freude der Beschenkten. Die Autorin ist überzeugt davon, daß Kinder eigentlich am liebsten Geschenke selber anfertigen.

Eckart Bücken

Ein schöner Tag

Feste in der Familie

Feste in der Familie, was gibt es da nicht alles zu feiern, vom ersten Zahn über die Geburtstage von Kindern, Eltern und Großeltern, von der Einschulung zu Kommunion und Konfirmation, vom Mutter- und Vatertag bis zu den Hochzeitsjubiläen. Alle Feste werden präsentiert von der Vorbereitung bis zur Verabschiedung der kleinen oder großen Gäste.

96 Seiten mit zahlreichen Abbildungen
DM 24,80
ISBN 3-7664-9301-9

96 Seiten mit zahlreichen Abbildungen
DM 24,80
ISBN 3-7664-9316-7

96 Seiten mit zahlreichen Abbildungen
DM 24,80
ISBN 3-7664-9306-X

IDEEN FÜR ELTERN – DIE NEUE RATGEBER-REIHE

Daniela Feix-Mag

Wörter sind Schätze

Spielerisch die Sprache entwickeln

Eltern haben immer wieder Fragen zum Themenbereich Sprachentwicklung. Bange stehen sie vor der Frage, ob ihr Kind Sprachstörungen hat. Die Autorin gibt unter Mitarbeit der Sprachtherapeutin Jutta Ohlberger kurze und verständliche Hinweise auf wichtige Aspekte dieses Themenkreises.

96 Seiten mit zahlreichen Abbildungen
DM 24,80
ISBN 3-7664-9318-3

Eckart Bücken

Zuhören können

Mit Kindern die Stille entdecken

In unserer lärmbedrohten Welt wird es immer wichtiger, auch einmal in sich selbst hineinzuhören. Das gilt für unsere Kinder ebenso wie für uns selber. Nicht nur die äußeren Eindrücke prägen; in uns ist vieles angelegt, das sich näher zu betrachten lohnt. Um das Kennenlernen der Kräfte, Bilder und Visionen, die in uns stecken, geht es in diesem Band.

96 Seiten mit zahlreichen Abbildungen
DM 24,80
ISBN 3-7664-9315-9